RESILIENZ MIT SYSTEM: DER WEG ZUR INNEREN STÄRKE

. . . .

Stress bewältigen, Depressionen überwinden und
Charakter stärken
+ Mehr Gelassenheit im Alltag durch Meditation

Ein Buch von: Ulrike Baumgartner

Bibliografische Information der Deutschen Nationalbibliothek
Die Deutsche Nationalbibliothek verzeichnet diese Publikation in der Deutschen Nationalbibliografie; detaillierte bibliografische Daten sind im Internet über http://d-nb.de abrufbar.

Wir sind ein relativ junger Verlag und sehr dankbar für jede Art von Feedback. Sollten Sie daher **Anregungen oder Fragen** haben, würden wir uns sehr freuen, von Ihnen zu lesen.
info@cherrymedia.de

Originale Erstauflage

978-3-96583-323-4   KDP TB
978-3-96583-324-1   Hardcover
978-3-96583-325-8   CD
978-3-96583-326-5   eBook

Redaktion: Reinhardt Bleikolm, Ing. Matthias Pajek
Korrekturat: Sladjana Mijatovic
Druck/Auslieferung: WIRmachenDRUCK, Backnang-Waldrems, Deutschland

Impressum:
Cherry Media GmbH
Bräugasse 9
94469 Deggendorf
Deutschland

Weitere Informationen zum Verlag finden Sie unter:
www.cherrymedia.de
Wir wünschen viel Vergnügen beim Lesen!

RESILIENZ MIT SYSTEM: DER WEG ZUR INNEREN STÄRKE

. . . .

BEGRÜSSUNG UND UNTERSCHRIFT

ICH FREUE MICH VON ganzem Herzen, dass du dich für mein neues Buch entschieden hast. Auch wenn das bedeutet, dass du aktuell wahrscheinlich unter zu viel Stress leidest. Ich sage trotzdem herzlichen Dank, denn, wie ich immer gerne betone, hat meine Arbeit nur Sinn, wenn meine Bücher auch gelesen werden. Meine Leser sind es, die meine Arbeit wertvoll machen, und es macht mich glücklich, wenn meine Bücher so gut angenommen werden und ich auch immer wieder viele Rückmeldungen erhalte.

Es ist mir eben ein riesen Anliegen, dass ich mit meinen Büchern ein wenig helfen kann und ich fühle mich geehrt, dass ich so auch ein Teil von deinem Leben sein darf. Gleichzeitig gebe ich dir auch Einblick in mein Privatleben. So siehst du, dass auch andere unter den gleichen Problemen leiden wie du und dass du nicht alleine bist. Gleichzeitig aber kannst du auch erkennen, dass es immer und für alles eine Lösung und einen Ausweg gibt.

Wir lernen in diesem Buch, was es mit Resilienz auf sich hat und warum dich mit dieser Eigenschaft oder Technik nichts so schnell aus der Bahn werfen kann. Resilienz sollte eigentlich bereits in der Schule ein Pflichtfach sein, denn ich denke gerade in der heutigen Zeit lernen wir viel zu wenig dar über und wie wir uns mental stark halten können. Sei es wie es sei! Wenn du dieses Buch gelesen hast, dann kannst du besser mit deinen eigenen Stärken und Schwächen umgehen und weißt ganz genau, wie du dir und deiner Psyche etwas Gutes tun kannst.

Ich hoffe, ich kann dir mit diesem Buch nicht nur helfen, sondern dich auch etwas unterhalten. Denn meine Bücher sollten keine trockene Materie sein. Und du darfst sie auch nicht als streng erhobenen Finger sehen, der dir sagen will, was du zu tun und zu lassen hast. Zudem kann ich die Lösungen doch nur anbieten, weil auch ich zuvor offensichtlich etwas falsch gemacht habe. Somit sitzen wir alle im selben Boot. Wir sind alle Menschen mit unseren Fehlern, Ecken und Kanten. Doch gemeinsam können wir es schaffen, aus unserem Leben das Beste zu machen. Und glaube mir: Das Leben ist wunderbar und großartig.

In diesem Sinne wünsche ich dir viel Spaß beim Lesen und guten Erfolg beim Umsetzen. Bis zum hoffentlich nächsten Mal, Deine

Ulli Baumgartner.

P.S.: Ich freue mich wirklich über jede einzelne Rückmeldung auf meiner Autorenseite auf Facebook. Dort bin ich unter Ulli Baumgartner zu finden. Dort erhältst du nicht nur die aktuellen Informationen zu meinen neuen Büchern, sondern auch viel Wissenswertes, Tipps und Tricks zu diversen Themen rund um meine Bücher.

INHALTSVERZEICHNIS

Kostenfreies e-Book & Hörbuch inklusive

Beim Kauf jedes Taschenbuches von Cherry Media ist das **e-Book, spannende Bonusinhalte** sowie das **Hörbuch kostenfrei** für Sie **inkludiert**. Gehen Sie dazu einfach auf

https://link.cherrymedia.de/EPUB

oder scannen Sie den abgebildeten QR Code. Auf der Website können Sie dann Ihren einmalig gültigen Zugangscode eingeben.

Den **Zugangscode** zu Ihrem kostenfreie eBook, Hörbuch und zu den Bonusinhalten finden Sie auf der Seite: **214.**

Wir wünschen **viel Freude** mit Ihren **kostenfreien** Inhalten!

Haben Sie Fragen zu Ihrem e-Book? Wir sind gerne für Sie da!

Sie erreichen Sie uns unter info@cherrymedia.de

VORWORT

NUN GEHT ES IN diesem Buch also um Stress. Stress ist ein Zustand, den wir alle kennen und der uns eigentlich absolut unangenehm ist. Stress ist so dermaßen negativ behaftet, weil wir einfach verlernt haben, positiv mit Stress umzugehen oder ihn richtig zu verarbeiten. In gewissen Belangen kann nämlich auch Stress ein großer Motivator und Antrieb sein.

Stress soll uns natürlich nicht überfordern oder gar krank machen. Wie du das vermeiden kannst, erfährst du in diesem Buch. Wir behandeln die Themen Eustress, den positiven Stress, und Distress, den negativen Stress. Wir lernen, wie wir stressfrei durch den Alltag und vor allem durch das Berufsleben kommen. Denn nicht nur die Arbeit kann uns stressen. Auch in unserem Privatleben warten unzählige Fallen, die uns festsetzen und hemmen wollen.

Wer meine Bücher bereits kennt, der wird auf folgenden Teil bereits gewartet haben. Und zwar geht es um das Thema Tagebuch oder Notizblock. Ich habe immer wieder kleine Übungen für dich, die sich einfach schriftlich besser bearbeiten und auch verarbeiten lassen. Nimm dir dazu eben ein schönes Notizbuch zur Hand, dass du von nun an zu deinem Anti-Stress-Tagebuch machst. Hier kannst du nicht nur die Übungen, sondern auch deine individuellen Gedanken und deine persönlichen Fortschritte zu diesem Thema eintragen.

Ich bin schon immer ein Fan von Tagebüchern gewesen. Ein – beziehungsweise dein – Tagebuch kannst du wie einen guten Freund ansehen. Du kannst dem Tagebuch alles anvertrauen und musst absolut keine Hemmungen haben, deine ehrlichen und tiefen Gedanken und Gefühle aufzuschreiben. Dadurch fällt es dir viel leichter, mit deinen Gefühlen, Gedanken und Handlungen klar zu kommen.

Den ersten wichtigen Schritt gegen Stress hast du ja bereits unternommen. Du hast erkannt, dass du dich vielleicht in einer kritischen Situation befindest und etwas dagegen unternehmen willst. „Selbsterkenntnis ist der erste Weg zur Besserung", das hat meine Oma bereits immer gesagt und das Sprichwort hat bis heute nicht an Richtigkeit verloren. So ist es auch beim Stress. Nur wenn du erkennst, dass du gestresst bist und etwas dagegen unternehmen musst, dann kannst du das Projekt in Angriff nehmen.

In diesem Sinne wollen wir auch keine Zeit mehr verlieren und gleich loslegen. Aber stresse dich nicht. Mach es dir erstmals bequem, hol dir noch eine schöne Tasse Tee, kuschle dich auf dem Sofa und dem Ohrensessel ein und schau, dass du auch wirklich Ruhe beim Lesen hast. Es hat keinen Sinn, wenn du immer wieder aufspringen musst, um die Waschmaschine oder den Geschirrspüler auszuräumen. Auch solltest du nicht gleichzeitig lesen, essen und eine Sendung im TV ansehen. In diesem Fall würdest du alles nur halbherzig machen und im Endeffekt hat gar nichts davon einen Sinn. Sieh also zu, dass du wirklich Zeit zum Lesen hast. Nimm dir die Zeit, die Zeit für dich.

Du musst ja auch nicht das ganze Buch in einem Ruck lesen. Nimm dir zum Beispiel jeden Tag ein Kapitel vor, das du in aller Ruhe liest, darüber nachdenkst, eventuelle Übungen dazu machst und dann auch gleich umzusetzen versuchst.

Dies ist bereits der erste Schritt zu weniger Stress in deinem Leben. Und der O-Ton dieser Message ist: Nimm dir Zeit für dich selbst, weil du es wert bist. Du bist der wichtigste Mensch in deinem Leben und genau deshalb musst du auch so gut auf dich selbst aufpassen.

Du bist dafür verantwortlich, dass du funktionierst und dich dabei wohlfühlst. Du bist der Herr über deinen Körper, deinen Geist und deine Seele. Auch wenn es viele Faktoren gibt, die uns traurig oder krank machen, die uns stressen oder ärgern, im Endeffekt hast es jedoch immer du selbst in der Hand, ob du ein Opfer bist, oder ob du dein Leben selbst in die Hand nimmst.

Du kannst dich vom Stress auffressen lassen, du kannst aber auch aufstehen und sagen: „Mit mir nicht mehr. Ich lasse mich nicht mehr stressen, denn meine körperliche und meine geistige Gesundheit gehen eindeutig vor." Du kannst dich von anderen stressen lassen oder dich wehren. Du bist der Chef und der Kapitän. Nutze also diese Macht – zu deinem Vorteil. Du wirst schnell merken, wie viel besser es dir in kurzer Zeit geht. Es ist, als würde eine Last von dir abfallen.

Vielleicht merkst du es sogar körperlich. Oft haben gestresste Menschen auch Probleme mit den Schultern oder dem Rückgrat, einfach, weil sie eine so enorme Last mit sich tragen. Diese psychische Belastung kann sich schnell auch in körperlichen Beschwerden zeigen. Auch das werden wir in einem separaten Kapitel behandeln. Nun wollen wir aber beginnen und eruieren, was Stress eigentlich ist.

WAS IST STRESS?

ES GIBT SO VIELE Arten von Stress und noch viel mehr Auslöser. Generell denken wir beim Stress immer an zu viel Arbeit. Egal ob du in einem Restaurant oder einer Fabrik arbeitest: Wenn der Arbeitsdruck zu groß wird, so sprechen wir vom Stress. Sind heute 100 Reservierungen im Restaurant angesagt und alle kommen zur gleichen Zeit, dann bedeutet das natürlich Stress. Doch es können dich auch zahlreiche andere Situationen stressen.

Es kann das Telefon sein, das an deinem freien Tag unaufhörlich klingelt. Es kann die nervige Stimme einer Kollegin sein, die dich stresst. Es kann aber auch ein gewisser Kunde sein, der immer wieder Stress in dir erzeugt, auch wenn er noch gar nichts getan oder gesagt hat.

Manche Menschen erzeugen alleine durch ihre Anwesenheit Stress. Oft musst du nur an jemanden denken und schon verspürst du den ersten Anflug vom Gestresst-sein. Schuld daran sind unsere Hormone. In stressigen Situationen wird Adrenalin ausgeschüttet. Oft wird dieses Hormon alleine durch Gedanken ausgeschüttet, weil sich unser Gehirn an vorangegangene Situationen erinnert. Dies funktioniert ähnlich wie unser Schmerzgedächtnis.

Adrenalin an sich wäre ja nichts Schlechtes. Es bereitet unseren Körper darauf vor, dass er jetzt verstärkt auf der Hut sein muss. In früheren Zeiten der Evolution war dies enorm wichtig und konnte über Leben und Tod entscheiden. Die

Menschen wurden durch das ausgeschüttete Adrenalin fit für eine mögliche Flucht oder einen Kampf.

Adrenalin verleiht deinem Körper mehr Energie. Die Atemwege werden erweitert und der Körper kann so auch mehr Sauerstoff aufnehmen. Du wirst sicher schon bemerkt haben, dass in stressigen Situationen dein Atem schneller geht und auch dein Herz schneller und kräftiger schlägt. Gleichzeitig sorgt das Adrenalin auch dafür, dass ordentlich Blutzucker ausgeschüttet wird. Ist die stressige Situation dann wieder vorbei, sinkt der Blutzuckerspiegel auch wieder rasch ab. Das kann dazu führen, dass du anschließend einen enormen Hunger verspürst. Viele haben auch während der Stresssituationen einen enormen Hunger. Dies kommt daher, da der Körper vermittelt, oder besser gesagt das Adrenalin und das zentrale Nervensystem, dass wir nun doppelt so viel Energie benötigen.

Achte einmal darauf, ob du während der stressigen Situationen auch deutlich öfter zu Schokolade, Chips und Co. greifst. Falls du auch so ein Stressesser bist, versuche, dass du diese Stressmahlzeiten auf gesunde Snacks ummünzt. Nüsse und Trockenfrüchte sind in stressigen Situationen immer eine gute Wahl.

Heutzutage benötigen wir dieses Adrenalin nicht mehr wirklich, jedenfalls nicht in den üblichen Stresssituationen. Denn worum geht es meist? Sicher nicht um einen Kampf auf Leben und Tod. Du musst nicht vor deinem Chef davonlaufen, auch wenn du es in diesem Moment vielleicht gerne tun würdest. Und du musst auch nicht mit deiner Kollegin kämpfen – sie nervt nur schlichtweg. Das bedeutet jedoch nicht, dass ihr gleich mit den Fäusten aufeinander losgehen werdet.

Somit wäre es also besser, den Körper zu beruhigen, bevor das gesamte Adrenalin ausgeschüttet wird. Das kannst du erreichen, indem du Ruhe bewahrst.

Stress entsteht in der Regel in Situationen, die dich überfordern. Dies kann auch eine klitzekleine geistige Überforderung sein. Mich stresst es zum Beispiel enorm, wenn mein Chihuahua wie eine keifende Hyäne zum Gartentor läuft und die Putzfrau fressen will, die jeden Tag die Straße vor dem Muban, also unserer Siedlung, kehrt. Wir haben trainiert, sie mag diese Frau gerne, spielt mit ihr, wenn wir ihr so begegnen. Doch wenn sie mit ihrem Reisigbesen und ihrer Vollvermummung vor dem Gartentor kehrt, dann wird Muffin zur reißenden Bestie. Das ist zwar in 30 Sekunden wieder vorbei, doch genau diese 30 Sekunden stressen mich.

Das kommt daher, weil ich mit der Situation überfordert und mit meinen Ideen am Ende bin. Wir haben trainiert, geschimpft, gelobt und alles ohne Erfolgserlebnis. Ich muss dazu sagen, unsere Hunde sind ansonsten in allen Situationen gut erzogen und gehorchen, nur in dieser speziellen Situation will nichts greifen. Das überfordert mich. Und diese Überforderung führt zu Stress.

Du siehst: Eine kleine kurze Sequenz kann Stress auslösen. Mittlerweile weiß ich aber, zu welcher Uhrzeit die gute Dame erscheint und kann mich seelisch darauf vorbereiten. Meist sag ich dann zu Muffin, meiner Chihuahua-Dame: „Na, wollen wir heute die Maid wieder fressen", und dann lache ich. Durch das Lachen nehme ich dem Stress den Wind aus den Segeln.

Es kann eine Stimme sein, die nervt. Dagegen kannst du natürlich nicht viel unternehmen, denn du kannst ja deinem Boss, der Kollegin oder einer Freundin schlecht den Mund verbieten. Du kannst jedoch an deiner Haltung dazu arbeiten. Du kannst autogenes Training machen, dir ein Mantra zurechtlegen, innerlich bis 10 zählen und dir so ein Signal geben, dass du dich über die knarzige oder schrille Stimme einfach nicht mehr aufregst.

Stress ist immer eine Herausforderung, von der wir glauben, dass wir ihr nicht gewachsen sind. Nun geht es darum zu erkennen, was genau uns stresst. Dann können wir an unserer Haltung arbeiten. Ich hatte zum Beispiel einen Kunden, der stets Kochrezepte bei mir bestellte. Diese waren immer so verworren und nahezu unschaffbar, obwohl ich es dennoch immer gemeistert hatte. Jedoch, sobald ich die Mail mit dem Auftrag sah, stellte sich Stress ein. Da musste ich noch nicht einmal die Auftragsthemen oder einzelne Rezepte lesen, alleine sein Name in der Mail genügte, dass mein Herz zu pochen anfing.

Auch hier dauerte es einige Zeit, dass ich diesen Stressfaktor ummünzen konnte. Ich sagte mir selbst, dass ich nicht überreagieren dürfe, und mache jetzt immer Atemübungen, bevor ich die Mail öffne. Den Kunden habe ich noch immer, die Rezepte, die er benötigt, haben sich nicht verbessert, aber meine Haltung dazu auf jeden Fall. Ich lasse mich davon jetzt nicht mehr stressen. „Es wird schon alles gut gehen und, wenn die Rezepte verworren sind und die Anweisungen kompliziert, dann mache ich sie einfach passend für mich." Das sag ich mir nun immer vor. Und seitdem klappt es. Ich hätte natürlich auch den Auftraggeber komplett verabschieden können, doch das hätte ich nicht übers Herz gebracht, auch weil ich ihn persönlich kenne und er ein ganz lieber Kerl ist. Ich hätte auch mit ihm über die Rezepte sprechen können, was ich auch versucht habe, doch das hat er leider nicht verstanden und ich habe damit die ganze Situation noch verschlimmbessert. Also habe ich an meiner eigenen Haltung gearbeitet, denn es ist ja mein Stress, der durch eine Reaktion in mir ausgelöst wurde, also muss auch ich damit fertig werden.

Stress kann sich auch in einer richtig-gehenden Panik äußern. Wenn du nicht mehr ein noch aus weißt und am liebsten davonlaufen würdest. Du kannst Ängste bekommen, es kann sich wie Schüttelfrost oder Hitzewallungen anfühlen und du kannst im Stress sogar zu weinen beginnen. Auch daran sind die Hormone und unsere Nerven schuld.

Stress kann jedoch auch daher kommen, dass du einfach zu schlecht organisiert bist. Du verzettelst dich schlichtweg. Anstatt eine Aufgabe nach der anderen abzuwickeln, denkst du dir, es würde schneller gehen, wenn du drei Dinge gleichzeitig anpackst. Das kann in manchen Situationen gut gehen und auch ich denke, dass ich relativ gut im Multi-Tasking bin. Jedoch nicht immer und nicht in jeder Situation. Ich kann wunderbar gleichzeitig Hundefutter zubereiten, telefonieren und mir einen Tee zubereiten. Doch ich habe einmal ein Experiment gewagt. Jeder, der mich kennt, weiß, dass ich so kleine Selbstversuche liebe. Ich habe einfach meine Zeit zu Hause mit der Stoppuhr verfolgt.

Und tatsächlich habe ich mir keine Minute erspart, wenn ich mehrere Dinge gleichzeitig gemacht habe. Wenn du viele kleine Dinge auf einmal erledigst, musst du ständig umgreifen. Wenn du jedoch effizient arbeitest und alles rasch hintereinander abwickelst, so bist du meist tatsächlich schneller. Zudem werden die einzelnen Aufgaben ordentlicher. Bereite ich Hundefutter zu und mache ich noch drei Dinge gleichzeitig, dann veranstalte ich meist eine riesen Sauerei, die dann ebenfalls noch geputzt werden muss. So würde ich mir also noch mehr Arbeit machen und mich dadurch wirklich stressen.

Nimm dir also die Zeit und mache alles schön der Reihe nach. Du kommst zum selben, wenn nicht sogar besseren Ergebnis. Zum Thema Selbstmanagement, unter welches dieses Thema fällt, kommen wir aber ebenfalls später noch im Einzelnen.

Vielleicht ist dir auch schon aufgefallen, dass du in der Regel auch länger brauchst, wenn jemand neben dir lauert und dich ständig antreiben will. Genau dann passieren auch immer Missgeschicke. Will meine Freundin unbedingt los und ich soll mich hurtig anziehen, dann reißt garantiert die Strumpfhose, ich male mir Panda-Augen mit der Wimperntusche oder bleibe mit dem Schuh im Hosensaum hängen und mit einem lauten Ratsch muss ich mich erneut umziehen. Je mehr wir uns selbst unter Druck setzen, umso mehr stehen wir uns selbst im Weg. Und genau damit müssen wir aufhören. Wenn das nächste Mal jemand auf der Lauer liegt und dich antreibt, drücke ihm eine Tasse Tee in die Hand, komplimentiere ihn aufs Sofa und sage: „Ich bin fertig, wenn ich fertig bin, genieße deinen Tee und aus." Mehr braucht es in diesem Fall nicht und alle sind glücklich. Und ob ihr zwei Minuten früher oder später auf der Party erscheint, das kratzt am Ende des Tages niemanden.

Meine Schwägerin zum Beispiel ist chronisch unpünktlich. Das kann natürlich auch ganz schön nerven. Dafür aber hat sie ein sonniges Gemüt und lässt sich auch durch Augenrollen und hektisches Auf-die-Uhr-klopfen nicht aus der Ruhe bringen. Es ist, wie es ist, und sie sagt selbst, dass man ihr bitteschön lieber einen früheren Abfahrtstermin sagen sollte, damit sie rechtzeitig fertig ist. Sie lacht dabei und macht in ihrem Tempo unbeirrt und unbeeindruckt vom Schnauben anderer weiter. Sie wird aber nie in die Gefahr eines stressbedingten Burnouts kommen.

Zusammenfassung:

Stress kommt in den besten Familien vor und wir alle kommen mehrmals am Tag in eine Situation, die uns stresst. Wichtig ist jedoch, dass wir dies erkennen und damit umzugehen lernen. Du kannst mit Stress nur dann fertig werden, wenn du ihn auch als Stress erkennst. Du selbst bist dafür verantwortlich, mit deinem Stress umzugehen. Damit dich Stress nicht krank macht, solltest du früh genug eingreifen. Denke noch einmal darüber nach, welche Situationen in deinem Leben dich stressen und aus der Ruhe bringen.

GIBT ES POSITIVEN STRESS?

J A, ABSOLUT! DIES IST die erste Antwort, die mir dazu einfällt, denn in gewissen Momenten und Situationen kann Stress eine absolut motivierende Wirkung haben. Dies kann sowohl im Privaten als auch im Berufsleben zutreffen. Jetzt wirst du denken: „Die Ulli ist heute aber auch etwas verwirrt. Zuerst leitet sie ein, wie schlecht Stress nicht sein soll, und auf einmal wirft sie wieder alle Thesen um."

Nein, keine Angst, in meinem Oberstübchen ist soweit noch alles in Ordnung. Doch es gibt wirklich Situationen, in denen dich Stress positiv antreiben kann. Hier muss aber die Ausgangssituation gegeben sein, dass dir das, was du machst, generell auch Spaß macht.

Wenn du zum Beispiel in zwei Stunden einen wichtigen Besuch erwartest, dann wirst du zwar gestresst die Wohnung auf Hochglanz bringen, doch es macht dir auch Freude, weil du es ja für den Besuch und die anschließenden schönen Stunden machst. Es heißt nicht umsonst, dass man mehr Hausarbeit erledigen kann, 30 Minuten bevor die Mutter zu Besuch kommt, als in der gesamten Woche zuvor. Wenn du dich also auf den Besuch freust, dann wirst du positiv motiviert, zwar etwas gestresst, aber dadurch auch sehr effizient und schnell die Wohnung putzen.

Wenn ich eine Nachricht von meinem Verlag erhalte, dass sie das Buch eigentlich zu einem bestimmten Stichtag veröffentlichen möchten und mir eine knappe Deadline setzen, dann kann es sein, dass ich kurzfristig in Stress komme. Doch auch dieser Stress ist positiv, weil ich mich ja selbst auf die neue Veröffentlichung freue und so schnell als möglich das neue Buch in den Händen halten will. Dadurch arbeite ich ebenfalls effizienter, bummle nicht mehr rum, sondern konzentriere mich ganz fokussiert auf meine Aufgabe.

Wenn du nach einer erledigten Aufgabe früher nach Hause gehen kannst und somit früher Feierabend machen kannst, dann hast du auch automatisch positiven Stress. Du siehst natürlich zu, dass du alles so schnell und auch so gut wie möglich erledigst. Du hast zwar Stress, weißt aber, dass der Stress nur mehr maximal eine Stunde anhalten wird, du dafür im Anschluss aber Feierabend hast.

Dies ist ebenfalls ein wichtiger Punkt. Wenn der Stress absehbar und begrenzt ist, dann empfinden wir den Stress generell nicht als so unangenehm. Denn ein Ende ist in Sicht. Da ist ein Licht am Ende des Tunnels. Auch wenn nach dem Stress eine Belohnung winkt, lassen wir den Stress nicht negativ auf uns einwirken. Daher wäre es so wichtig, dass wir ein gutes Selbstmanagement haben. Darüber unterhalten wir uns ohnehin später noch intensiv. Weißt du genau, dass der Stress morgen wieder vorbei ist, so lässt du diesen nicht so eng an deine Psyche ran. Bist du jedoch im Dauerstress und ist die Situation aussichtslos und keine Verbesserung ist in Sicht, dann kann der Stress auf Dauer krank machen.

Zusammenfassung:

Stress kann auch durchaus positiv sein, wenn du ihn richtig einsetzt. Stress kann dich motivieren und zu Höchstleistungen antreiben. Du sollst den Stress jedoch nur so lange zulassen, so lange er dir gut tut. Wenn du fühlst, dass dich die stressige Situation unter Druck setzt, dann ist die Situation gekippt.

Auch ist es wichtig, dass du immer das Ziel oder das Ende vor Augen hast. Wenn du weißt, dass der Stress in einer Stunde vorbei sein wird, dann ist in der Regel alles in Ordnung. Ist ein Ende jedoch nicht absehbar, so wird auch der Stress unerträglich. Versuche daher immer, in Etappen zu denken und zu arbeiten. Gönne dir genügend Pausen, dann bleibt auch der Stress ein Motivator.

KANN UNS STRESS
KRANK MACHEN?

J A, STRESS KANN AUF jeden Fall krank machen. Die schlimmsten Folgen von Dauerstress sind Depressionen und Burnout. Dazu kommen wir später jedoch noch genau. Doch es gibt unzählige andere Krankheiten, die durch Stress ausgelöst werden können.

Beginnen wir mit Kopfschmerzen. Wenn du permanent extrem angestrengt bist, vor Stress das Essen und vor allem auch das Trinken vergisst, wenn du extrem angespannt bist, dann lassen auch die Kopfschmerzen nicht lange auf sich warten. Es ist erwiesen, dass mindestens die Hälfte aller Kopfschmerzen und sogar der Migräne-Attacken durch Stress ausgelöst werden.

Du kannst akut darauf achten, dass du regelmäßig und ausreichend trinkst und eventuell auch einen grünen Apfel isst. Dieser kann dich erfrischen, hydrieren und gegen erste Kopfschmerzen helfen.

Verspannungen in den Schultern, im Rücken, ein steifer Nacken und Rückenschmerzen können ebenfalls auf zu viel Stress zurückgeführt werden. Das kommt ebenfalls durch die extreme Anspannung, unter der du in Stresssituationen steckst. Auch im Kiefer kannst du es erkennen, wenn du enorm gestresst bist. Du kannst direkt eine Art Muskelkater bekommen, weil du dich so in eine Sache verbeißt.

Weiter geht es mit unangenehmen Dingen wie Bauch- oder Magenschmerzen. Dazu kommt es, wenn du auf die ersten Anzeichen deines Körpers nicht hörst. Du musst dir deinen Körper als sehr schlauen und sehr lebendigen Organismus vorstellen. Eigentlich warnt er uns immer im Vorfeld und weist uns darauf hin, dass etwas schief läuft und so gar nicht stimmt. Stress kann zu Verstopfungen, zu Durchfall, zu Blähungen und Magenschmerzen führen. Oft nimmst du in enormen Stresssituationen extrem zu oder ab, weil du total das Essen vergisst oder einfach wahllos ungesunde Nahrung in dich hineinstopfst, nur damit du überhaupt etwas isst.

Ebenfalls eine typische Stresserkrankung ist Tinnitus. Vielleicht hast du schon einmal von diesen lästigen Geräuschen im Ohr gehört. Wenn du permanent unter Stress stehst, können sich diese Geräusche einschleichen. Auch diese wären ein schrillendes Warnzeichen.

Ich habe eine Freundin, die war damals selbständig und hatte ein Restaurant. Es war ein nettes Ausflugslokal für den Sommer und sie führte es mit ihrem Mann alleine. Dementsprechend stressig waren die Monate von April bis Oktober. Sie hatte quasi keinen freien Tag und konnte sich als Jungunternehmerin auch keine Angestellten leisten. Zu Beginn war die Euphorie natürlich groß, doch mit den Monaten schlich sich der Stress ein, doch sie konnte aus der Situation auch nicht ausbrechen. Im Winter klagte sie zum ersten Mal über das komische Pfeifen im Ohr. Jetzt, Jahre später hat sie es immer noch, weil sie damals immer dachte, es würde von selbst weggehen. Natürlich trat sie auch nicht kürzer, weil sie die Verbindung zwischen dem Tinnitus und dem Stress nicht erkannte. Das Pfeifen konnte sich über Jahre festsetzen und mit jedem stressigen Monat mehr nistete sich das Nebengeräusch noch fester ein.

Als sie später das Lokal aufgab und auch erfuhr, dass zwischen dem Stress und dem Tinnitus ein Zusammenhang bestehen könnte, da war es schon fast zu spät. Sie hat mittlerweile unzählige Therapien probiert und Unmengen von Geld für Blutegel Therapien und Schnickschnack ausgegeben. Nur leider ist sie von einem stressigen Job in den nächsten gerutscht und hat auch überhaupt kein Verständnis dafür, kürzer zu treten. Naja, das stimmt nicht ganz. Im Moment steht sie zwischen zwei Berufen, ist bereits zwei Monate nur zu Hause und siehe da, nach Jahren lässt auch das Pfeifen im Ohr nach.

Herzrasen, Herzrhythmusstörungen, Bluthochdruck und Kreislaufbeschwerden sind ebenfalls auf Stress zurückzuführen. Auch hier kann statistisch eine enge Verbindung nachgewiesen werden. Gerade Manager erleiden gerne bereits in jungen Jahren einen Herzinfarkt oder auch einen Schlaganfall.

Gerade erst letzte Woche habe ich über eine weitere Auswirkung von Stress auf den Körper erfahren. Eine liebe Freundin hatte plötzlich einen enormen Druck auf den Augen. Nach einigen Tagen und unerträglichen Schmerzen ging sie zum Arzt und es wurde ein beginnendes Glaukom diagnostiziert. Mit einiger Medizin konnte sie die ärgsten Schmerzen loswerden. Gott sei Dank ist meine Freundin auch sehr auf natürliche Medizin spezialisiert und hat auch eine enge Verbindung zu ihrem Körper. Schnell erkannte sie, dass der enorme Stress der letzten Wochen diesen Augendruck mit aufgebaut hatte. Somit war ihr erster Weg der Therapie natürlich, einige Gänge zurückzuschalten.

Sehr viele unserer sogenannten Zivilisationskrankheiten werden durch zu viel Stress nur noch unterstützt. Studien haben ergeben, dass bei 80 Prozent aller Magengeschwüren

Stress seine Finger im Spiel hat. Sogar Krebs kann durch Stress begünstigt werden. Das heißt jetzt natürlich nicht, dass man unbedingt schwer krank werden muss, wenn man gestresst ist. Und es bedeutet auch nicht, dass man vor allen Krankheiten bewahrt wird, wenn man nicht gestresst ist.

Ich habe meinen Stresslevel wirklich gut im Griff und bin dennoch krank geworden. Ich lebe gesund, achtsam und ausgeglichen und dennoch hatte ich das Pech, dass mich eine schwerere Krankheit erwischt hat. Manche Faktoren kann man selbst dennoch nicht beeinflussen. Ich denke aber, dass gerade bei der Heilung diese positiven Eigenschaften wieder eine große Rolle spielen.

Schlafstörungen können ebenfalls aus enormem Stress resultieren. Auch Viruserkrankungen haben eine leichtere Chance auszubrechen, wenn du permanent unter Stress leidest. Ob Herpes oder Gürtelrose, Neurodermitis, Psoriasis, Allergien, Asthma, Sodbrennen und vieles mehr können ausgelöst werden, wenn du immer unter Strom stehst.

Darum ist Stress wirklich ernst zu nehmen. Dabei haben wir jetzt nur von rein körperlichen Beschwerden gesprochen. Es gibt noch eine ganze Reihe psychischer Erkrankungen, die ebenfalls durch Stress ausgelöst werden können.

Nun solltest du endlich aufwachen und dem Stress endlich einen Riegel vorschieben. Du bist ja durch das Lesen des Buches bereits am besten Weg dazu. Nun kommen wir auch schon zur ersten Übung. Nimm jetzt dein Tagebuch zur Hand und schreib auf, in welchen Situationen du im Augenblick extrem gestresst bist. Nun hörst du genau in deinen Körper hinein und analysierst, ob du dich gerade pudelwohl oder doch in gewisser Weise ein wenig unwohl fühlst. Schläfst du schlecht? Hast du immer wieder Bauchschmerzen und du weißt nicht warum? Ist deine Haut andauernd gerötet oder hast du permanent Fieberblasen? Versuche nun, eine Verbindung zwischen deinen Beschwerden und deinem Stress zu finden.

Zusammenfassung:

Ob Kopfschmerzen, Bauchschmerzen, eine verspannte Muskulatur, Allergien, Hauterkrankungen, Magengeschwüre und sogar Krebs können durch zu viel Stress ausgelöst oder zumindest begünstigt werden. Daher ist es wichtig, dass du Stress erst gar nicht zulässt. Wenn du ständig unter Schlafproblemen leidest, solltest du dich fragen, was die Ursache dafür ist. Kannst du dir nicht erklären, woher deine permanenten Kopfschmerzen kommen und findet auch dein Arzt keine Ursache für deinen Hautausschlag? Dann arbeite mit deinem Tagebuch und erkunde die stressigen Situationen in deinem Leben. Wahrscheinlich fällt es dir dann wie Schuppen von den Augen und, wenn du deinen Stress reduzieren kannst, dann werden sich auch deine Beschwerden augenblicklich verbessern.

RESILIENZ – DIE
INNERE RUHE

RESILIENZ IST EIN SEHR neues und modernes Wort.
Immer häufiger tritt es in letzter Zeit auf und, wenn sich
jemand beklagt, so gestresst zu sein, dann ist die häufigste
Antwort: „Du musst mehr Resilienz zeigen." Das ist auch
alles gut und schön, aber was genau ist Resilienz?

Resilienz ist die Bezeichnung für deine Psychische
Widerstandskraft. Durch Resilienz hast du die Kraft, auf
deine persönlichen Ressourcen zurückzugreifen und so
auch die schlimmsten Krisen zu bewältigen. Durch Resilienz schaffst du es, unter dem Druck und dem Stress nicht
zusammenzubrechen.

Du bleibst gelassen und kannst alles ohne Probleme meistern. Wo andere unter der Last zusammenbrechen, arbeitest
du mit einem lachenden Gesicht weiter und man merkt dir
an, dass für dich alles wie am Schnürchen klappt. Wenn du
resilient bist, empfindest du keinen Stress und leidest auch
nicht unter den Auswirkungen des Stresses. Es ist aber nicht
so, dass du diesen verdrängst, er ist einfach nicht da, weil du
eine komplett neue, mentale Haltung erreicht hast.

Du wirst durch Resilienz auch viel leistungsfähiger, einfach, weil dich nichts mehr bremst. Resilienz ist mehr als nur
die Psychische Widerstandskraft. Denn du widerstehst dem
Stress nicht nur, du schaffst es durch deine mentale Haltung,

dass er auch gar nicht mehr vorhanden ist.

Du empfindest keine Belastungen mehr, die dich zerbrechen möchten. Du verzweifelst nicht mehr, weil du Angst hast, etwas nicht zu schaffen. Du bist stark und blickst zuversichtlich und positiv in die Zukunft. Dabei ist es aber wichtig, dass du die vorhandenen Probleme nicht verleugnest oder ignorierst. Resilienz bedeutet nicht, das Problem unter den Teppich zu kehren, sondern auf die Schaufel zu packen und zu entsorgen.

Dadurch, dass dich nichts mehr aus der Ruhe bringt, kannst du jedes Problem mit einem klaren Kopf und wachem Verstand lösen. Du gehst jedes Problem mutig und vor allem tatkräftig an. „Das Problem ist da, daher muss ich mich damit auseinandersetzen" kann dein Motto werden.

Resilienz bedeutet auch, dass du mit deiner Energie vernünftig umgehst. Du betreibst ein ordentliches Energiemanagement, egal ob im Berufsleben oder im Alltag. Du hast immer im Kopf, dass du das Wichtigste bist und deine körperliche und geistige Gesundheit sind dein höchstes Gut. Daher gehst du achtsam und respektvoll mit dir und deinem Körper um.

Resilienz bedeutet, dass du dir immer wieder eine kleine Auszeit nur für dich nimmst. Nur so können deine Energiespeicher wieder aufgetankt werden. Du gibst doch auch penibel darauf Acht, dass dein Mobiltelefon nie leer ist und auch dass dein Tablet oder die Powerbank immer über einen gut gefüllten Akku verfügen. Warum also nicht bei dir selbst auch? Das ist natürlich eine spannende Frage.

Nimm dir also von nun an jeden Tag 15 Minuten Zeit, in welchen du dich selbst auflädst. Schreib das auch fix in deinen

Terminplaner ein und notiere es auch in dein Tagebuch. „Ab heute lade ich konsequent jeden Tag um 21 Uhr meine Batterien für 15 Minuten auf." Das ist dein Mantra, das von heute an gültig sein sollte. Du kannst dich dazu mit einem Buch in die Badewanne legen und abschalten. Du kannst meditieren, Atemübungen machen, Yoga praktizieren oder einfach nur am Fenster in deinem Lehnstuhl sitzen und zum Fenster hinaussehen. Du kannst auch eine bestimmte Spazierrunde nutzen, um deine Akkus aufzufüllen. Wichtig ist nur, dass du dir auch absolut bewusst bist, das genau jetzt dein Energiespeicher aufgefüllt werden muss.

Lass dich von nichts ablenken. In diesen 15 Minuten gibt es kein Telefon, keinen Fernseher und auch keine rufenden Partner oder Kinder, denen du die Nase oder den Hintern putzen musst. Mach allen klar, dass dies deine 15 Minuten sind und du die benötigst, damit du wieder ordentlich funktionieren kannst. Mach das konsequent und setze keinen Tag aus. Mach keine Ausnahme. Ausreden zählen nicht, denn wenn dein Akku leer ist, dann ist er leer.

Ich habe mir zum Beispiel eine Sitz-Dampfsauna gekauft. Diese verwende ich jeden Tag. Punkt 22 Uhr gehe ich in die Dampfsauna, komme, was wolle. Jeden Tag verwende ich dafür andere Kräuter und Düfte, die ich im Moment benötige. Und diese 15 Minuten gehören nur mir. In der Dampfsauna werden jeden Tag meine Akkus aufgeladen und gleichzeitig schwitze ich mental alle Hektik und allen Stress des Alltags aus. Ich komme frisch und stark wieder heraus und bin aber auch gleichzeitig so ruhig, perfekt, um anschließend angenehm müde ins Bett zu gehen.

Wenn du einen besonders stressigen Tag hast, dann solltest du auch deine Ladezeit erhöhen. Wenn dein Handy besonders wenig Akku hat, dann benötigt es ebenfalls länger, als ob du nur 20% aufladen musst. Genauso funktioniert es auch mit deinem Körper. Wenn du viel von deinem Speicher aufgebraucht hast, dann benötigst du auch dementsprechend länger, diesen auch wieder aufzufüllen.

Wenn du am Arbeitsplatz gestresst bist und du bemerkst, dass du mit der Arbeit nicht fertig wirst, arbeitest du dann die Pause durch? Das wäre nämlich der absolute Supergau. Deine Pause gehört dir und du brauchst diese auch dringend. Hältst du die Pause nicht ein, so können deine Akkus nicht aufladen und du wirst später nur mehr auf halbem Energielevel weiterarbeiten können. Machst du aber eine Pause, gönnst dir etwas frische Luft, machst vielleicht Atemübungen oder eine kurze Meditation, vielleicht auch ein Power-Napping oder isst einen vitaminreichen Lunch, dann bist du anschließend wieder gestärkt und kannst mit voller Power alles geben. Auch das fällt unter den Begriff Resilienz.

Auch dein Feierabend sollte dir heilig sein. Natürlich kann es ab und an nötig sein, Überstunden zu machen, jedoch nicht täglich, nicht immer und auch nicht unbezahlt und ohne Dank. Oft ist es sogar so, dass dein Chef deine Überstunden und dein Mitnehmen der Arbeit nach Hause als Schwäche ansieht, weil du dadurch zeigst, dass du unfähig bist, deine Arbeit während der Arbeitszeit zu schaffen, weil du anscheinend kein ordentliches Selbstmanagement hast und weil du, wie es aussieht, auch kein Privatleben hast. Also: Sieh deine Freizeit als etwas Heiliges an – auch das ist Resilienz.

Sämtliche Übungen und Geschichten, Episoden und Kapitel, die nun folgen, zeigen dir, wie du deine Resilienz aufbaust und somit auch Stress abbaust.

Zusammenfassung:

Resilienz bedeutet nichts anderes, als gut auf dich selbst aufzupassen. Die Kunst, gelassen zu sein, fällt genauso unter diesen Begriff wie Selbstliebe und Achtsamkeit. Stressreduktion ist der erste und beste Weg für mehr Resilienz. Ein gutes Selbstmanagement und Zeitmanagement sind ebenfalls für diesen Weg wichtig. Achte darauf, dass du immer genug Pausen einlegst und dich nicht überarbeitest. Denke nicht, dass du mit Überstunden und dem Durcharbeiten in den Pausen deinen Stress loswerden kannst. Resilienz bedeutet, genau die Pausen zu nutzen, um wieder aufzutanken. Resilienz bedeutet, Kraft zu schöpfen und deine individuellen Ressourcen zu nutzen.

Ihre kostenfreies Hörbuch

Dieses Buch können Sie als neuer Audible Nutzer kostenlos als Hörbuch genießen. Folgen Sie dem Link, um sich dieses Hörbuch jetzt kostenfrei zu sichern:

http://link.cherrymedia.de/CM21CD

DIE GESCHICHTE VON DER GEDULD – SOFORT

BIST DU EIN UNGEDULDIGER Mensch oder gehörst du zu der gelassenen Spezies? Ich sage dir gleich, Ungeduld ist der Vorbote von Stress. Durch Ungeduld stresst du dich selbst und verfällst in Hektik, wenn nicht alles sofort so schnell klappt, wie du es dir vorstellst.

Nimm nun dein Tagebuch zur Hand und schreib auf, in welchen Situationen du ungeduldig wirst. Ich war früher sehr, sehr ungeduldig und ich hätte am liebsten oft mit dem Fuß aufgestampft, wenn etwas nicht auf Anhieb nach meinen Vorstellungen geklappt hat. Doch mit der Zeit habe ich Geduld gelernt. Mein Leben hier in Thailand hat dazu natürlich auch eine ganze Menge beigetragen, denn hier musst du einfach geduldig sein. Die buddhistische Gelassenheit hat mich einige Male ordentlich auf die Probe gestellt, doch ich musste einsehen, dass es absolut nichts bringt, sich aufzuregen oder hektisch irgendetwas vorantreiben zu wollen. Es wird dadurch nicht schneller. Einzig und alleine der Blutdruck geht in die Höhe, das Herz fängt an zu klopfen und du ärgerst dich.

Du musst auch nicht ungeduldig werden oder kommst erst gar nicht in die Versuchung, wenn du einen vernünftigen Zeitplan und ein ausgeklügeltes Selbstmanagement hast. Wenn du keinen Zeitdruck hast, weil alles tip top geplant ist, dann musst du nicht ungeduldig auf die Deadline hinarbeiten.

Überlege, wann und wo du zum letzten Mal ungeduldig warst. Erinnere dich genau. Wahrscheinlich ist es dir rückwirkend sogar sehr peinlich. War es vielleicht im Supermarkt? Hast du eine Szene gemacht, weil die Kassiererin so langsam gearbeitet hat? Hast du nicht bemerkt, wie liebevoll sie den beiden alten Herrschaften beim Zählen des Kleingelds geholfen hat, die mit Mühe und Not ihre letzten Cents zusammengekratzt haben, um die Äpfel und die Bananen kaufen zu können? Hast du nicht gesehen, dass sie für das Kleinkind einen freundlichen Blick hatte und dass sie mit der einsamen Frau ein paar nette Worte gewechselt hat? Und du stehst hinten an der Reihe und machst ein riesen Drama, weil du 10 Minuten warten musst.

Ungeduld kann andere Menschen verletzen. Manche Menschen benötigen einfach mehr Zeit und du gibst ihnen durch deine Ungeduld vielleicht das Gefühl, schlechter oder weniger wert zu sein. Vielleicht hast du sogar jemanden angebrüllt oder dich hochnäsig verhalten? Sei ganz ehrlich zu dir selbst, wann und wo du einen Ausbruch von Ungeduld hattest und nimm dir ganz fest vor, dass dies das letzte Mal gewesen sein soll.

Es muss auch nicht immer alles so perfekt und geradlinig verlaufen, wie du es dir vielleicht vorgenommen hast. Du hast dein Ziel vor Augen und das gilt es zu erreichen. Manches Mal haben aber das Schicksal, das Universum oder die Umstände andere Pläne und es gilt, einen kleinen Umweg zu machen. Sei einfach flexibel. Solange du das Ziel nicht aus den Augen verlierst, ist es unwichtig, welchen Weg du gehst. Wenn du flexibel bist, bedeutet das, dass du auch kreativ, mutig, aufgeschlossen und intelligent genug bist, neue Wege zu suchen und zu beschreiten.

Sei auch nicht ungeduldig, wenn ein schöner Tag, der Urlaub oder etwas anderes Positives noch in weiter Ferne liegen. Freue dich darauf, aber wünsche dir nicht, dass die Zeit verfliegen soll. Denk doch einfach nach. So oft sagt man: „Ich wünsche, es wäre heute schon Weihnachten." Das würde bedeuten, dass du dir einige Monate deines Lebens wegwünschst. Du willst doch nicht freiwillig deine kostbare Lebenszeit verschenken. Jeder Tag, jede Stunden und auch jede Minuten sind kostbar und heilig. Vorfreude ist etwas wunderbare. Fülle jedoch auch die Zeit des Wartens mit schönen Erlebnissen und Momenten.

Trainiere deine Geduld täglich mit Kleinigkeiten. Hast du eine Tafel Schokolade gekauft? Nimm dir vor, erst morgen ein kleines Stück davon zu essen. Trainiere dazu auch gleichzeitig deine Disziplin und teile sie dir nun in kleine Rationen ein. Iss jeden Tag nur ein kleines Stückchen und genieße diese dafür mit all deinen Sinnen. Lasse dir diese Köstlichkeit auf der Zunge zergehen und freue dich, weil du so geduldig und so diszipliniert bist. Sei auch ruhig stolz auf dich.

Ungeduld hat auch etwas mit unserer neuen, schnellen und modernen Zeit zu tun. Früher war es ganz normal, dass wir auf alles etwas warten mussten. Wenn ich meiner Freundin damals von Österreich aus nach Thailand einen Brief geschrieben hatte, dann konnte ich frühestens vier Wochen später mit einer Antwort rechnen. Heute schreibe ich ihr eine Mail oder schicke eine Sprachnachricht und binnen Minuten ist auch schon die Antwort da. Wir müssen nicht mehr warten. Und doch täte es uns so gut, etwas mehr Zeit zu haben.

Wenn wir früher am Samstag vergessen hatten, bis mittags das Brot einzukaufen, dann hatten wir bis Montag kein Brot zu Hause, außer wir hätten selbst eines gebacken. Heute müssen wir nur zur Tankstelle fahren oder haben sogar einen

Späti um die Ecke. Auch gibt es unzählige Lieferdienste, bei welchen wir nahezu alles bestellen können. In Bangkok ist es noch viel schlimmer. Hier haben wir an allen Ecken einen 7-eleven Laden oder unzählige andere Geschäfte, die an allen Tagen der Woche 24 Stunden geöffnet haben. Das ist natürlich absolut praktisch, jedoch nicht förderlich, um unsere Geduld zu stärken.

Ungeduld löst in dir einen enormen Stress aus. Du setzt dich und andere unter Druck. Darum ist es so wichtig, dass du mit der Ungeduld aufhörst. Doch auch das geht nicht von einem Tag auf den anderen. Auch da musst du geduldig sein, an dir arbeiten, und dir immer wieder Zeit für dich selbst nehmen.

Stress, Druck und Ungeduld vermeidest du, wenn du deine Zeit besser einteilst und dir auch Zeitpuffer einrichtest. Ungeduldig wirst du ja nur, wenn ein Projekt noch nicht rechtzeitig fertig ist und Minuten später eigentlich schon mit dem nächsten begonnen werden soll. Darum einen cleveren Plan erstellen und zwischen den Terminen Pufferzonen einrichten.

Wenn du ein langwieriges Projekt vor dir hast und du den Abschluss kaum erwarten kannst, dann feiere kleine Teilabschnitte als Teilziele. Wenn ich ein neues Buch schreibe, freue ich mich über jedes Kapitel, das ich geschafft habe. Ich kann nicht ausflippen und nervös werden, weil das große Ganze noch nicht fertig ist. Ich freue mich über jeden kleinen Teilabschnitt, den ich erreicht habe.

Wenn du eine neue Sprache lernen willst, kannst du auch nicht ungeduldig sein, weil du in einem Monat noch nicht fließend sprichst. Du kannst dich aber jeden Tag darüber freuen, dass du wieder ein neues Kapitel geschafft oder 10 neue Vokabel gelernt hast.

Lerne zu akzeptieren, dass alles seine Zeit benötigt. Rom wurde nicht an einem Tag erbaut, ein Baby muss 40 Wochen im Bauch der Mutter heranwachsen, ein Brot benötigt eine gute Stunde bis es durchgebacken ist und jedes Ziel ist eine gewisse Distanz entfernt. Du kannst es von Beginn an schon in etwa abschätzen. Lass dich darauf ein und akzeptiere, dass nichts von heute auf morgen fertig werden kann.

Münze deine Ungeduld in Vorfreude um. Wenn du bemerkst, dass du ungeduldig wirst, so sage dir ein Mantra vor, in dem du deine Ungeduld in ein positives Mantra umformulierst. Hast du dich mit einer Freundin verabredet und verspätet sie sich, so stampfe nicht verärgert mit dem Fuß auf, sondern sage dir: „Ich freue mich dann doppelt so stark, wenn sie endlich da ist und werde sie vor Freude ganz fest umarmen." Sei froh, dass sie die lange Strecke vorsichtig fährt, weil es vielleicht glatt auf der Straße ist. Denk in diesem Fall, dass es besser ist, sie kommt spät als nie an.

Wenn du bemerkst, dass du ungeduldig wirst, so kannst du die Ungeduld auch verpacken und wegschicken. Ich habe dazu für negative Dinge so meine eigene Methode und ein Ritual. Ich visualisiere die Ungeduld und versuche, sie zu packen und in einen virtuellen Sack zu stecken. Diesen binde ich an einen Gasballon und lass ihn wegfliegen. Oder ich packe die Ungeduld in eine Wolke und blase diese Wolke einfach davon.

Natürlich ist es langweilig, wenn der Stau ewig dauert, die Rotphase an der Ampel 10 Minuten lang ist und du Stunden beim Arzt verbringst und nicht dran kommst. Nutze die Zeit vernünftig. Du kannst zum Beispiel wunderbar beim Arzt, im Stau oder an der Ampel meditieren. Dadurch vergeht die Zeit wie im Flug. Du wirst auch augenblicklich ruhiger und du tankst damit auch deinen Energiespeicher wieder auf.

Lächle. Auch wenn dich etwas nervt und du spürst, wie langsam die Ungeduld in dir hochsteigt, dann setze ein Lächeln auf. Mit einem breiten Grinsen auf den Lippen ist es schwer, grantig oder böse zu werden. Übe das Lächeln auf Kommando vor dem Spiegel. Durch das Lächeln, auch wenn es nur gespielt ist, steigt deine Laune, weil du damit auch dein Gehirn austrickst. Das Gehirn kann nämlich nicht unterscheiden, ob das Lächeln echt oder nicht echt ist. Wenn du lächelst, werden Glückshormone ausgeschüttet. Dies tut gut und wirkt auch perfekt gegen Stress.

Zusammenfassung:

Ungeduld stresst uns. Es ist ganz normal, dass wir in vielen Situationen ungeduldig reagieren, doch das ist nicht gesund – weder für unseren Körper noch für unseren Geist. Es ist auch ganz einfach oder zumindest machbar, Geduld zu üben. Entscheide dich jeden Tag bewusst dafür, nicht mehr ungeduldig zu sein. Denk darüber nach, in welchen Situationen du ungeduldig bist und nimm genau diese Punkte in Angriff. Meditiere, atme, lache und lächle. Denke stets daran, dass du nicht mehr ungeduldig sein willst. Sei nachsichtig mit deinen Mitmenschen und mit dir selbst. Es ist normal und menschlich, dass nicht alle im selben Tempo arbeiten, und es ist auch normal, dass nicht immer alles glatt geht. Doch auch wenn du ungeduldig bist, geht es dadurch nicht schneller. Im Gegenteil, Ungeduld ist eine zusätzliche Bremse und macht dich schlecht gelaunt. Daher: Denk jeden Augenblick daran, dass du nicht mehr ungeduldig sein willst.

NEGATIVE
GEDANKEN VERMEIDEN

NEGATIVE GEDANKEN STRESSEN. NEGATIVE Gedanken schränken uns ein, hemmen und vermiesen uns die Laune. Daher ist es wichtig, dass wir uns von negativen Gedanken befreien. Denkst du eher immer positiv oder eher immer negativ? Siehst du das berühmt berüchtigte Glas halb voll oder halb leer? Ich bin ja durch und durch positiv und das auch unerschütterlich. Ich finde in allem noch etwas Positives und bin da gnadenlos. Meine Freunde lachen und finden es auch bewundernswert, weil ich wirklich in Situationen, in welchen andere dem Wahnsinn nahe wären, absolut ruhig bleibe und immer noch etwas Positives an der Situation sehen kann.

Unlängst beim Friseur hat mich eine Friseurin absolut verpfuscht. Sie hat meine dünnen und feinen Haare so dermaßen verwurschtelt und verheddert, dass man die Verknotungen nur mehr herausschneiden konnte. Es mussten 15 cm von meinen zuvor mühsam gezüchteten Haaren abgeschnitten werden und an einer Seite natürlich bedeutend mehr als an der anderen. Ich war natürlich zuerst traurig, fing mich aber sofort wieder und sagte mir, dass nun wenigstens alle kaputten Haare von meiner Färberei endlich rausgeschnitten wurden. Ich konnte es ja ohnehin nicht mehr ändern. Was hätte ich auch tun sollen? Ich hätte den ganzen Tag mit einer Trauermiene herumlaufen können oder eben das Beste aus der Situation machen. Ich habe mich für Letzteres entschieden, einfach, weil es mir selbst auch besser damit geht.

Du kannst es auch lernen, positiv zu denken. Du musst dafür nur dein Gehirn und deine Gedanken umprogrammieren. Nimm nun dein Tagebuch zur Hand und schreib auf, in welchen Situationen du generell negativ denkst. Was, denkst du denn, geht bei dir immer schief? Wo siehst du immer nur schwarz? Denkst du, dass du immer benachteiligt wirst und fühlst du dich häufig wie das fünfte Rad am Wagen oder wie das letzte Glied in der Nahrungskette?

Positives Denken ist ein Lernprozess. Denkst du, dass du ohnehin nie jemanden kennenlernst und dein ganzes Leben alleine bleiben wirst? Beweise dir selbst, dass es anders ist. Gehe hinaus und lerne Menschen kennen. Es muss nicht die große Liebe sein, aber du kannst auf einer Party oder in einem Kurs einen lieben Menschen oder eine tolle Person, einen guten Freund kennenlernen.

Denkst du, dass du es niemals lernen wirst, etwas Leckeres zu backen? Sag dir selbst, dass du es kannst und probiere es immer wieder. Suche dir ein einfaches Rezept, bitte deine Mutter oder eine Freundin, dir dabei zu helfen. Es wird klappen, du musst geduldig sein, an dich glauben und positiv denken. Wenn du natürlich nur daran denkst, dass du wieder nur etwas Ungenießbares produzieren wirst, dann wird es auch höchstwahrscheinlich so sein. Das nennt man Selbstprophezeiung.

Versuche dich in vielen neuen Dingen. Beweise dir, dass in dir jede Menge Talente stecken. Freue dich darüber, dass du so viele neue Dinge erleben kannst und erkenne, dass das ganze Leben hell, schön und rosarot ist.

Trage helle Kleidung. Auch wenn du gerne schwarz trägst. Um dich selbst in eine positive Stimmung zu bringen, greife zu heller und freundlicher Kleidung. Umgib dich mit positiven Menschen und distanziere dich von negativen Menschen. Es bringt dich keinen Schritt weiter, wenn du mit einem anderen, negativen Trauerkloß und Pessimisten zusammen sitzt und ihr euch gegenseitig die Ohren vollheult. Negative Menschen ziehen dich immer noch weiter mit ihnen selbst in den Abgrund. Suche nach Freunden, mit denen du lachen kannst, die dich bestärken und die gleich abwinken, wenn du wieder in dein negatives Schema verfallen möchtest.

Bei mir kann sich jeder meiner Freunde ausheulen und ich habe immer eine Schulter zum Anlehnen. Jedoch muss man bei mir auch immer damit rechnen, dass ich ihre Sätze verbessere. Das bedeutet, ich formuliere sie einfach um. Ich zeige ihnen dann immer vor, wie sie durch einfache Umformulierung auf einen positiven Weg gelangen können. Und ich erinnere sie auch immer daran, nicht negativ zu denken.

Negative Gedanken und negative Muster können auch anerzogen sein. Hast du vielleicht als Kind oft zu hören bekommen, dass du dies und das ohnehin nicht schaffen wirst? Hat man dir in der Schule gesagt, dass aus dir nichts wird oder hat dir ein Partner gesagt, dass du nicht gut genug bist? Diese Muster und Gedanken können sich tief in die Psyche einbrennen. Doch auch diese kannst du umkehren.

Dazu musst du tief in deine Kindheit zurückgehen und dich an diese Situationen erinnern. Versuche nun, dich als dieses Kind zu sehen. Beobachte dich, wie du diese Dinge gemacht hast, für die dich nie jemand gelobt hat. Nun stell dir vor, wie deine Eltern daneben stehen. Spiele nun in Gedanken diese Situationen durch. Beschütze dabei als jemand anderer dein unschuldiges, kindliches Ich und kläre deine Eltern in

Gedanken auf, welch wunderbares Kind du doch bist.

Dadurch kannst du deine Selbstkritik abbauen. Wann immer nun deine Selbstkritik laut wird, erinnere dich zurück und sieh, dass du auch als Kind ganz wunderbar warst. So kannst du deine kindliche Seele heilen.

Wenn du dir nun selbst vorwirfst, immer alles falsch zu machen, stell dir vor, wie sich jemand schützend vor dich stellt. Fordere dich als Kritiker selbst heraus. Verlange nach einer detaillierten Erklärung und erkläre deinem Kritiker, dass er nicht so hart mit dir umgehen darf. Sieh auch deine Erfolge, zähle diese auf und lobe dich dafür.

Auch kannst du deinen inneren Kritiker auslachen und wegschicken. Du kannst ihm sagen: „Verschwinde mit deinen miesen Kritiken. Ich bin toll und das weißt du genau. Du bist nur neidisch und willst mich nur verletzen." Lach deinen inneren Kritiker aus und fühle dich stark und gut dabei. Verjage die miesen Gedanken und richte dich auf. Spüre, wie du dich stark und gut fühlst. Stell dich vor den Spiegel, lache dich an und erkenne die selbstbewusste und tolle Person, die vor dir steht und alles schaffen kann.

Zusammenfassung:

Negative Gedanken sind wie eine schwarze Gewitterwolke. Wenn du immer negativ denkst, dann ziehst du auch alles Schlechte an. Vergiss nie, dass Selbstprophezeiungen die absolute Realität sind. Wenn du immer daran denkst, dass du etwas nicht schaffen wirst, dann wird am Ende auch tatsächlich alles schief gehen. Umgib dich mit positiven Menschen und verabschiede dich von negativen Menschen, die dich nur mit sich in den Abgrund ziehen. Lass alle alten Muster der Vergangenheit hinter dir. Höre auf damit, dich immer noch klein und schwach zu fühlen, nur weil man es dir als Kind eingeredet hat. Reise in Gedanken zurück in deine Kindheit und kläre die Situationen mit Gesprächen mit deinem inneren Kind auf. Verjage deinen inneren Kritiker und sei stolz auf das, was du bist jetzt geschafft hast. Stelle dich aufrecht und selbstbewusst hin und sei dir bewusst, dass du toll und einzigartig bist.

DER STRESS DURCH
NEID UND VERGLEICHE

AUCH WENN DU VIELLEICHT nicht religiös bist, so wirst du doch eines der 10 Gebote kennen, welches lautet: „Du sollst nicht begehren deines Nächsten Gut". Damit wäre alles gesagt. Was jemand anderem gehört, geht dich nichts an und du solltest dir auch keine Gedanken darüber machen. Neid ist eine giftige Schlange, die dich von Innen auffrisst. Es kann dich unheimlich stressen, wenn du dich an anderen orientierst. Du musst nicht dieselben teuren Kleider tragen oder dein Haus genauso exklusiv einrichten. Hetze nicht einem anderen Leben nach, sondern kümmere dich rein um deines.

Du lebst in deinen Schuhen und in deiner Welt und andere in deren Schuhen und deren Welt. Du hast deine Möglich-keiten, die du in vollem Umfang nutzen kannst. Jedoch weil du es willst und weil es so für dich in Ordnung ist. Strebe nicht nach der neuen Küche, nur weil die Nachbarn auch eine gekauft haben. Warum solltest du dich jetzt nur deshalb in Schulden stürzen, wenn du doch mit deiner muckeligen Küche bis jetzt so glücklich warst?

Du kannst nicht deprimiert sein, weil du nicht so aussiehst wie das Supermodel aus dem Hochglanzmagazin. Du bist du und genauso wie du bist, bist du perfekt. Du wurdest perfekt erschaffen und auch deine kleinen Fehler, deine Makel und deine Ecken und Kanten sind perfekt, denn das ist es, was dich ausmacht. Versuche nicht, dich zu verändern, dich zu verbiegen oder jemand anderes zu sein. Sei nur du selbst, denn alle anderen gibt es bereits. Nur du bist einzigartig.

Es stresst dich doch nur unnötig, wenn du verzweifelt versucht, jemand zu sein, der du nicht bist. Nur so wie du bist, bist du ehrlich und echt. Auch wenn dich jemand vielleicht anders haben möchte – mach das nicht. Wenn dich jemand nicht genauso akzeptiert, wie du bist, dann hat er dich nicht verdient. Möchte dein neuer Partner, dass du abnimmst? Dann mach es nur, wenn du es auch wirklich selbst willst. Würde dich deine neue Bekanntschaft nur im Freundeskreis aufnehmen, wenn du einen Doktortitel hast? Dann pfeife darauf. Wer dich nicht so akzeptieren kann und will, wie du bist, der hat dich nicht verdient.

Lass dir auch von niemandem einreden, dass du nicht genug bist. Sei selbstbewusst und stolz auf dich. Du hast es schon so weit im Leben gebracht. Vergleiche dich nicht mit anderen, denn jeder startet unter anderen Voraussetzungen in sein Leben und jeder sollte aus seinen Voraussetzungen das Beste machen. Du aus deinen und ich aus meinen.

Deine Freundin hat sicher Eigenschaften, die du nicht hast, aber du hast eben auch Eigenschaften und Talente, die sie nicht hat. Eifere deshalb nicht ihren Talenten und Eigenschaften nach, sondern sieh zu, dass du deine eigenen Talente förderst und ausbaust. Natürlich könnt ihr euch gegenseitig motivieren und anspornen. Freilich ist es nicht schlecht, wenn du ein Vorbild hast und dich nach den Sternen streckst, aber nur, wenn es auch wirklich dein inneres Bedürfnis ist.

Hier in Thailand zum Beispiel macht man gerne Gesicht. Gesicht machen bedeutet, nach außen den schönen Schein wahren. Das ist eine sehr eigenartige Tradition, da auf der einen Seite Materialismus so gar nicht zählt und den Menschen nicht wichtig ist. Doch in manchen Situationen wollen sie einfach Gesicht machen. Ein blaues Dach zum Beispiel am Haus ist das Maß aller Dinge. Kann sich jemand ein blaues Dach leisten, weil zum Beispiel die Tochter mit einem reichen Ausländer verheiratet ist, so wird damit Gesicht gemacht. Nun wollen natürlich auch andere Gesicht machen. Dabei geht es aber nicht um den Besitz an sich, sondern nur darum, zu zeigen.

Heiratet eine Tochter, so werden wahnsinnige Goldhaufen und Geldgeschenke vom Bräutigam bei der Zeremonie in die Mitte gelegt. Ob das Geld nur geliehen ist und im Anschluss wieder zurückgegeben werden muss, ist dabei zweitrangig. Wichtig ist nur, dass alle Gäste die enormen Geldbeträge sehen und man Gesicht machen kann. Es gibt hier aber auch tatsächlich noch das Brautgeld, das ein Mann für die Frau zu bezahlen hat. Auch damit wird Gesicht gemacht. Heiratet ein Ausländer eine Thaifrau, so ist dieses Brautgeld dementsprechend hoch, weil man so ordentlich Gesicht machen kann. Ich finde das nicht schön und, wie gesagt, auch etwas skurril in einem Land, das ansonsten so weit weg von Materialismus ist. Doch das ist Tradition.

Was ich damit sagen will: Kaufe dir keine neuen Luxusgüter, nur weil der Nachbar sie auch hat. Stresse dich nicht damit, denn wenn du wirklich einen neuen Fernseher benötigst, dann kannst du dir ja einen kaufen, wenn es dein Wunsch ist. Aber nicht nur, um damit anzugeben und um zu beweisen, dass du es auch kannst. Sei mit dem zufrieden, was du hast. Alles andere stresst nur unnötig und genau das wollen wir ja in Zukunft vermeiden.

Zusammenfassung:

Es macht keinen Sinn, dich nach dem zu sehnen, was du nicht besitzt. Du willst dadurch ein anderes Leben leben und distanzierst dich von deinem eigenen Leben. Du bist jedoch du selbst und genau das ist doch das Schöne. Versuche nicht, anderen zu imponieren, indem du immer mehr materielle Güter anhäufst. Sei mit dem zufrieden, was du besitzt. Sei stolz auf alles, was du erreicht hast, denn das ist absolut genug. Sei nicht neidisch, denn du siehst nie, was andere leisten mussten, um das zu erreichen, was sie erreicht haben. Bemühe dich stattdessen, deine eigenen Ziele konsequent zu verfolgen und feiere im Anschluss deine eigenen Erfolge.

ÜBERARBEITUNG – NEIN SAGEN LERNEN

IN UNSEREM LEBEN WERDEN wir tagtäglich gefordert. Egal ob dich die Kinder bitten, sie mit dem Auto von A nach B zu fahren, weil es für sie einfach bequemer ist, als mit dem Bus oder dem Fahrrad zu fahren. Der Partner bittet dich, die Hausarbeit alleine zu erledigen, weil er so unsäglich müde ist. Und am Arbeitsplatz versucht der Kollege ständig, seine unliebsamen Aufgaben auf dich abzuwälzen.

Jeder von uns kennt diese Situationen. Menschen versuchen, Aufgaben abzuwälzen, die ihnen selbst unangenehm sind. Das ist natürlich von diesen Menschen sehr schlau, denn sie können nun die sogenannte leichte Kugel schieben und es sich gemütlich machen.

Du sollst jedoch aufhören, für jeden immer den Sklaven zu spielen. Natürlich kannst du von Zeit zu Zeit anderen das Leben erleichtern, aber nicht immer. Nimm nun dein Tagebuch zur Hand und überlege, in welchen Situationen du dich ausgenutzt vorkommst. Wer wälzt permanent seine Aufgaben auf dich ab, auf die er selbst keine Lust hat? Machst du dies vielleicht auch ab und an?

Nun überlege, welche dieser Aufgaben du von nun an nicht mehr übernehmen willst. Dadurch mistest du deinen eigenen Zeitplan aus, denn die Aufgaben der anderen hast du ja nicht eingeplant und diese sind zusätzlicher Ballast für dein Zeitmanagement.

Sprich mit den Menschen und erkläre ihnen, warum du nicht mehr bereit dazu bist, zu allem Ja und Amen zu sagen. Erkläre den Kindern, dass es dich unendlich stresst, wenn du stundenlang mit dem Auto unterwegs bist und deshalb bis spät in die Nacht hinein putzen, waschen und bügeln musst. Sag, dass du deshalb zu wenig Schlaf bekommst und dies auf Dauer nicht nur stresst, sondern dich auch krank machen kann.

Sag auch deinen Kollegen, dass du nicht länger gewillt bist, ihre Bequemlichkeit zu unterstützen. Stell dich auf deine Beine und entwickle Selbstbewusstsein. Du musst auch keine Angst haben, dass man dich deshalb plötzlich weniger mag oder schätzt. Ganz im Gegenteil. Vielleicht respektiert man dich danach am Arbeitsplatz viel mehr, weil du es endlich schaffst, deine eigene Meinung zu vertreten und deine Rechte einzufordern.

Falls Freunde von dir immer nur fordern und nur Zeit mit dir verbringen, wenn du ihnen einen Gefallen tust, dann macht es auch durchaus nichts aus, wenn diese sich plötzlich nicht mehr melden. Hab keine Angst davor, auch ihnen zu sagen, dass du nicht immer das kostenlose Taxi oder die Köchin oder den spendablen Geist spielen willst. Wer sich dadurch von dir distanziert, der disqualifiziert sich selbst. Solche Freunde hast du nicht nötig und du hast etwas Besseres verdient.

Sprich auch mit deinem Partner, dass du gerne alles für ihn tust. Dass du aber auch Zeit für dich benötigst und er das respektieren muss. Lerne Nein zu sagen und schaffe dir so mehr Freiraum für die Dinge, die dir wichtig sind.

Du wirst überrascht sein, wie weniger stressig plötzlich deine Tage sind. Während der Arbeit kannst du nun tatsächlich die Pause dazu nutzen, eine kleine Atemübung oder Meditation zu machen, weil du nicht immer Kaffee für alle kochen oder die Jause für alle holen musst. Du musst nun keine Überstunden mehr machen, weil du dich ausschließlich auf deine Aufgaben konzentrieren kannst und dich nicht mehr um die Ablage der Kollegen kümmerst.

Du kannst zu Hause in Ruhe meditieren, weil die Kinder genauso gut mit dem Bus ins Training fahren. Du kannst deine Zeit so wertvoll für dich selbst nutzen, wenn du lernst, auch einmal Nein zu sagen.

Zusammenfassung:

Nein sagen bedeutet nicht, nicht mehr für andere da sein zu wollen. Es bedeutet lediglich, dass du erkennen sollst, dass du auch wichtig bist. Nein sagen bedeutet, dass du Prioritäten setzt und deine erste Priorität solltest du selbst sein. Du kannst Stress vermeiden, indem du dich nicht ständig für andere aufopferst und immer für alle einspringst. Du selbst hast jeden Tag genug zu tun und zu erledigen, da musst du dir nicht auch noch die Aufgaben der anderen aufladen. Hab auch keine Angst davor, dass man dich deswegen weniger schätzen wird. Wer sich von dir abwendet, nur weil du ihm nicht mehr dienlich bist, der soll gehen. Das nennt man natürliche Auslese. Alle anderen werden es aber verstehen und dich sogar mehr schätzen als zuvor, weil du dich endlich traust, deine Meinung zu sagen und für dich und deine Rechte einzustehen. Sag Nein zu dem, was du nicht machen willst. Sei mutig und selbstbewusst und hab keine Angst davor, was andere dann von dir denken werden.

DEPRESSIONEN FRÜHZEITIG
ERKENNEN

Depressionen sind ein sehr ernstes Thema und werden in vielen Fällen durch Überarbeitung und Stress ausgelöst. Es ist nicht immer einfach, die ersten Symptome zu erkennen, gerade wenn man unter Dauerstrom steht. Daher ist es wichtig, dass du immer eine gute Verbindung zu deinem Körper hast.

Doch was sind die ersten Anzeichen, dass sich vielleicht eine Depression einschleichen kann? Ständige Müdigkeit und auch ständige Kopfschmerzen weisen darauf hin. Auch Bauchschmerzen und Magenschmerzen, die du dir nicht erklären kannst, können ein Anzeichen dafür sein.

Wenn du das Interesse an Dingen verlierst, die dir bis jetzt immer Spaß gemacht haben, dann solltest du auch nachdenken, warum das so ist. Hast du plötzlich keine Lust mehr, zum Tanzen zu gehen, willst du nicht mehr ins Kino, nicht mehr schwimmen, nicht mehr mit Freunden ins Kaffeehaus, hast du auch keine Lust, dass dich jemand besucht, hebst du am Telefon nicht mehr ab und hast du auch jegliches sexuelles Interesse verloren, so stehen die Zeichen gut dafür, dass du in eine Depression rutschen kannst.

Schlafstörungen sind ebenfalls ein Anzeichen für Depressionen und eine plötzliche Veränderung deines Appetits. Hast du auf einmal gar keinen Hunger mehr oder stopfst du nur mehr wahllos alles in dich hinein, dann nimm das als Warnzeichen wahr. Auch wenn du ständig schlecht gelaunt bist und dir nichts mehr Freude macht, wenn du grundlos Leute anblaffst und dich fühlst, als hättest du einen Stein verschluckt, dann, ja dann versuche, sofort das Problem in Angriff zu nehmen.

Nimm nun dein Tagebuch zur Hand und gehe all diese Punkte durch. Gehe tief in dich hinein und beantworte die Fragen schonungslos ehrlich und hinterfrage auch, warum es so ist. Nicht immer muss eine Depression dahinter stecken.

Vielleicht bist du nur so müde, weil du wirklich zu viel arbeitest oder zu viel feierst und dadurch zu wenig schläfst. Vielleicht findest du keinen ruhigen Schlaf, weil dich andere Sorgen, wie zum Beispiel Geldprobleme, quälen. Kopfschmerzen oder Bauchschmerzen können auch immer eine andere Ursache haben. Vielleicht isst du zu unregelmäßig, zu schwer oder zu ungesund und die Pizza, Pasta und Burgers liegen dir einfach schwer im Magen.

Sexuelles Desinteresse kann auch an Problemen mit dem Partner liegen. Vielleicht habt ihr euch auseinandergelebt oder es ist die Luft raus. Versuche, mit deinem Partner darüber zu sprechen. Wenn du noch Lust hättest, dich aber irgendetwas stört, dann ist es kein sexuelles Desinteresse, es gilt lediglich, ein zwischenmenschliches Problem aus der Welt zu schaffen.

Vielleicht willst du dich mit deinen Freunden nicht treffen, weil sie dich einfach nerven. Vielleicht bist du mit ihren politischen oder sozialkritischen Einstellungen nicht einverstanden. Auch dann kann man dieses Problem mit einem Gespräch aus der Welt schaffen. Im schlimmsten Fall wird es einfach Zeit, dass du dir neue Freunde suchst. Das hört sich jetzt vielleicht hart an, kann aber manches Mal auch tatsächlich dazu führen, dass du dich besser fühlst.

Hier kann ich dir auch wieder eine Geschichte aus meinem Leben erzählen. Ich habe kein Problem damit, neue Leute kennenzulernen, und generell kommen Menschen sehr offen auf mich zu. Was jedoch echte Freunde betrifft, so bin ich sehr heikel und ich habe eine beste Freundin, die ich um nichts auf der Welt ersetzen würde. Es gibt noch einige andere Freunde, die ich sehr mag, doch die meisten Menschen sind für mich gute und liebe Bekannte.

Ich hatte hier in Bangkok eine kleine Frauengruppe und wir waren gerne zusammen unterwegs. Shoppen, Kaffee trinken, spazieren, quatschen, Sport machen und vieles mehr. Ich musste mich jedoch von diesen Menschen trennen, weil ich einfach mit ihren politischen Einstellungen nicht zurechtkam. Es wurde ständig über Ausländer geschimpft und das, obwohl jede von uns selbst Ausländer in einem Land fern der Heimat ist. Sie mokierten sich ständig über dieses Thema. Und so sehr ich auch versuchte, dagegen anzukommen, es half nichts. Also zog ich meine Konsequenzen daraus. Ich traf mich einfach nicht mehr mit dieser Gruppe. Auf die Frage, warum ich mich denn so distanzieren würde, gab ich auch eine ehrliche Antwort. Die Mädels waren natürlich betroffen und warfen mir vor, wegen so etwas eine Freundschaft aufgeben wäre nicht okay. Doch für mich bedeutete es so enormen Stress, wenn ich ständig ihre Hetztiraden ertragen musste, dass es für mich die einzige Lösung war.

Du siehst, es muss nicht immer eine Depression hinter deinen Beschwerden stecken. Darum ist es so wichtig, dass du deine Symptome analysierst. Es ist nämlich auch gefährlich, wenn du dir jetzt einredest, dass du eine Depression bekommst, nur weil du plötzlich wenig Appetit oder Heißhunger hast. Es ist nicht gut, wenn du dir einredest, du hättest eine Depression, weil dein Kopf ständig schmerzt und du in Wahrheit aber nur ein neues Kopfkissen benötigen würdest.

Findest du jedoch für deine Beschwerden keine vernünftige Erklärung, dann solltest du in dich gehen und erkennen und akzeptieren, dass wahrscheinlich eine Depression droht. Doch was genau ist eine Depression?

Depression kommt aus dem Lateinischen und bedeutet „niedergedrückt sein". Auch hier heißt es nicht automatisch, wenn du geknickt bist, dass du unter Depressionen leidest. Man kann auch tadellos traurig sein, ohne depressiv zu sein. Doch für Trauer gibt es immer eine Erklärung. Bist du jedoch grundlos traurig, dann steckt meist eine Depression dahinter.

Eine Depression geht von deiner Psyche aus. Du fühlst dich matt, angeschlagen, müde und antriebslos, traurig und dunkel, ohne zu wissen warum. Um eine Depression zu verhindern ist es wichtig, dass du darauf achtest, ein relativ stressfreies und glückliches Leben zu führen. Auch hier ist es wieder wichtig, dass du dich selbst motivierst, lachst und tanzt.

Um nicht in die Depressions-Falle zu tappen, ist es auch wichtig, dass du dich gesund ernährst. Ein Körper, der mit ausreichend Vitaminen und Mineralstoffen versorgt wird, ist weniger angreifbar. Sieh zu, dass du frische Lebensmittel isst und sag Nein zu Fertigprodukten und Fast-Food. Auch ich versuche soweit es geht eine vegetarische Diät einzuhalten. Statistisch gesehen, sind Vegetarier und Veganer seltener depressiv als Fleischesser, doch das nur so am Rande.

Auch Bewegung hilft dir dabei, dass Depressionen keine Chance haben. Spazieren gehen, Rad fahren, Eislaufen, einen Aerobic- oder Tanzkurs besuchen, mit Freunden schwimmen gehen oder Rollerbladen. Egal was du auch machst:

Hauptsache ist, du bewegst dich. Besser wäre natürlich immer Sport an der frischen Luft, weil du da zusätzlich Vitamin D tanken kannst. Aber jede Bewegung, auch wenn es Aerobic daheim vor dem Fernseher oder im Fitness Center ist, ist besser als nichts. Du beugst damit nicht nur Depressionen vor, sondern kannst auch gleichzeitig Stress abbauen.

Achte auf deine Körperhaltung und auf deine Körpersprache. Mit einer ordentlichen Körperhaltung kannst du dein Gehirn überlisten und mit einer schlampigen und nachlässigen Körperhaltung suggerierst du deinem Gehirn Trauer. Gehe aufrecht und lasse deinen Kopf nicht hängen. Drücke die Schultern nach hinten, schiebe dein Becken und auch dein Kinn leicht nach vorne und halte den Blick geradeaus. Du wirst dir denken, dass dies doch gar nichts ausmacht, doch täusche dich hier nicht. Körper und Gehirn kommunizieren sehr stark. Und wenn du deinem Gehirn zeigst, dass du selbstbewusst, stark und glücklich bist, so erkennt es das auch an. Vergiss daher auch niemals zu lächeln. Lächle, auch wenn dir nicht nach Lächeln zumute ist.

Ebenfalls wichtig, um nicht depressiv zu werden, ist absolute Ehrlichkeit. Sei ehrlich zu anderen, aber vor allem zu dir selbst. Stehe zu deinen Gefühlen und verdränge sie nicht. Was hat dich heute besonders verletzt? Was geht dir die längste Zeit schon im Kopf herum und was belastet dich? Ärgert es dich, wenn du eine Aufgabe nicht erledigt hast? Bist du sensibel und reagierst du sehr emotional? Wenn dich jemand fragt, wie es dir geht, antworte ehrlich. Fühlst du dich im Moment nicht so gut, dann sag es. Bist du auf jemanden böse, sauer oder hat dich etwas enttäuscht? Dann stehe dazu. Sag es. Verdrängen führt nicht nur zu Stress, sondern auch zu Depressionen. Auch wenn man gemeinhin meint, dass Fragen wie „Wie geht es dir?" nicht ernst gemeint sind, das stimmt so nicht. Die meisten Menschen sind wirklich daran interessiert, wie es dir geht, und haben sich auch eine ehrliche Antwort verdient. Ich frage niemals nach dem Befinden, wenn es mich nicht wirklich interessiert.

Laufe nicht vor unangenehmen Erledigungen und Aussprachen davon. Hast du z.B. Geldsorgen, benötigst deswegen einen kleinen Kredit und es steht deswegen ein Termin auf der Bank an, dann stell dich diesem Problem. Hast du dich mit einem Freund gestritten, dann scheue nicht die Aussprache. Lerne zu vergeben und nachzugeben. Jede Aussprache, die du aufschiebst, bedrückt und belastet dich. Dies führt zu mentalem Stress und kann auch Depressionen auslösen. Zudem wird das Problem auch nicht kleiner, je länger du es aufschiebst. Viele zum Beispiel öffnen ihre Post nicht mehr, wenn sich die Rechnungen stapeln. Doch das bringt nichts. Ganz im Gegenteil: Die Schulden werden dadurch noch höher, weil sich Mahnungen und Zinsen ansammeln. Öffne deine Post, auch wenn es wieder eine Rechnung ist, die du nicht bezahlen kannst. So weißt du aber, wie es um deine Finanzen bestellt ist. Den Kopf in den Sand zu stecken, bringt null. Auch solltest du versuchen, schriftlich oder telefonisch für eine Lösung zu sorgen. Rufe an und bitte um Aufschub. Sei ehrlich und du wirst überrascht sein, wie viel sich auf gütlichem Weg klären lässt.

Akzeptiere, dass du alleine für dein Glück, dein Wohlbefinden und deine Gesundheit verantwortlich bist. Es ist nicht die Arbeit, der Boss oder der Partner, die dich krank machen. Auch wenn diese vielleicht dazu beitragen. Im Endeffekt aber trägst du die Verantwortung dafür, weil du es zulässt. Nicht deine Kindheit, nicht deine finanzielle Lage, nur du bist verantwortlich dafür, wie es dir geht. Jeder muss sein Leben gestalten oder, besser gesagt, darf. Ändere also deine Sichtweise, übernimm die Verantwortung und sorge dafür, dass du dich besser fühlst. Verändere Dinge, die dir das Leben schwer machen. Beschwere dich nicht darüber, denn so machst du dir das Leben nur schwer. Ändere das, was du nicht magst. Und wenn du etwas nicht ändern kannst oder willst, dann lerne es zu akzeptieren.

Tägliche Entspannung, Treffen mit Freunden, viel frische Luft und auch der Verzicht auf Alkohol und Drogen helfen dir dabei, eine bessere und stabilere Psyche zu bekommen. Gerade Alkohol und Drogen sind häufige Auslöser von Depressionen. Viele wollen damit nur ihre Probleme betäuben, doch schon wenige Stunden später, sobald die Wirkung nachlässt, sind die Probleme doppelt so stark wieder da.

Wenn du diese Punkte beachtest, so haben Depressionen kaum Chancen. Du fühlst dich ausgeglichen, wenig gestresst und glücklich. Solltest du dennoch immer wieder in depressive Stimmungen verfallen, so versuche es mit Meditation, Yoga und Atemübungen. Trinke Baldriantee und Lavendeltee. Und sollte auch das nichts helfen, so scheue dich nicht davor, einen Psychologen aufzusuchen. Denn nur so kannst du verhindern, dass du durch eine leichte Depression in ein Burnout fällst.

Zusammenfassung:

Lerne auf deinen Körper zu hören und erkenne die Anzeichen, mit welchen sich eine Depression ankündigt. Werde dabei aber auch nicht paranoid, denn nicht immer steckt hinter einer permanenten Müdigkeit auch eine Depression. Vielleicht hast du auch nur einen massiven Vitaminmangel. Wenn du jedoch immer lustloser wirst, dich für nichts mehr interessierst und du ständig traurig und wütend bist, dann solltest du anfangen, dein Leben umzustellen. Es ist gar nicht so schwierig, einer Depression vorzubeugen. Ernähre dich gesund und ausgewogen, betreibe Sport, triff dich mit

Freunden, sorge für Auszeiten und Pausen, suche dir ein Hobby, das dir Spaß macht, und trinke vor allem keinen Alkohol und nimm keine Drogen. Übernimm die Verantwortung für dein Leben und erkenne, dass nur du selbst dich glücklich machen kannst. Ändere die Dinge in deinem Leben und lass los. Akzeptiere Dinge, die du nicht ändern kannst und sei immer ehrlich zu dir und zu anderen. Laufe nicht vor deinen Problemen davon und stecke auch nicht den Kopf in den Sand. Sei selbstbewusst und stolz auf dich selbst. Achte darauf, dass du dies auch anderen vermittelst und achte auf eine ordentliche Körperhaltung und Körperspannung. Wenn dir dennoch jede Situation über den Kopf zu wachsen droht, scheue dich nicht davor, professionelle Hilfe in Anspruch zu nehmen. Lieber Hilfe bei leichten Depressionen als ein totaler Zusammenbruch durch ein Burnout.

BURNOUT – LASS DICH NICHT VERHEIZEN

URNOUT – DIESER BEGRIFF ist ebenfalls in letzter Zeit so modern geworden und es scheint, als würde sich Burnout zur Zivilisationskrankheit Nummer Eins entwickeln. Wer ein Burnout nicht kennt und noch nie damit zu tun hatte, der kann es auch kaum verstehen. Jemand, der unter Burnout leidet, der sieht auch nicht unbedingt krank aus. Daher wird diese psychische Erkrankung auch oft so lange nicht erkannt, übersehen oder sogar belächelt. Burnout entsteht, wenn der Stresslevel einfach viel zu hoch wird und man keinen Ausweg mehr sieht. Früher hätte man gesagt, derjenige leidet unter einem massiven Nervenzusammenbruch und extremen Depressionen. Ein Burnout aber geht noch einen Schritt darüber hinaus. Mit einem Burnout ist nichts mehr möglich. Körper, Geist und Seele haben resigniert und weigern sich, weiter zu arbeiten.

Jeder von uns ist von Zeit zu Zeit erschöpft, fertig und ausgebrannt. Doch es kommen immer wieder auch bessere Tage. Bei einem Burnout aber kommen diese besseren Tage nicht mehr. Alles ist grau, schwarz, düster und kalt. Und es scheint, als hätten sich jegliche positiven Gedanken und Emotionen für immer verabschiedet.

Burnout ist die Folge einer chronischen Überforderung. Ein Burnout entwickelt sich langsam, aber stetig. Es kommt nicht von heute auf morgen und nur, weil du diese Woche besonders viel Arbeit hattest, musst du dich nicht vor einem Burnout fürchten. Ohnehin musst du keine Angst davor haben, wenn du effektiv dahinter bist, dass du nicht in die Burnout Falle tappst.

Wenn du jedoch in der Arbeit immer alles gibst und über Monate oder Jahre nur für die Arbeit und für andere lebst, wenn du gar nicht auf dich selbst achtest und nur arbeitest, arbeitest und noch einmal arbeitest, dann gehörst du zur Risikogruppe.

Natürlich ist es so, dass in unserer Leistungsgesellschaft Produktivität enorm wichtig ist. Jemand, der viel erreicht und viel leistet, der viel Geld verdient, ist hoch angesehen. Ein Mann, der viel verdient, sich ständig neue Autos, Reisen und Uhren leisten kann, wird bewundert. Doch niemand sieht, in welch gesundheitliches Risiko er sich täglich begibt. Es ist natürlich so, dass ohne Leistung nicht viel erreicht werden kann. Doch es ist so wichtig, die optimale Balance und einen Ausgleich zu finden. Man spricht hier von einer sogenannten Work-Life-Balance. Je mehr man arbeitet, umso mehr muss auch darauf geachtet werden, dass der Stress und die Anspannung des Tages durch ein Ventil wieder aus dem Körper kommen können. „Work hard und play hard" ist daher nicht nur ein sehr hipper Slogan, sondern die absolute Realität.

Die Anzeichen für ein Burnout sind dieselben, die sich auch bei Depressionen zeigen. Jedoch sind diese meist noch viel stärker ausgeprägt, bis der Körper plötzlich komplett zusammenbricht. Nicht selten haben Burnout-Patienten auch starke Suizid-Gedanken.

Burnout-Patienten werden auch in der Regel immer kraftloser. Obwohl sie versuchen, immer noch volle Leistung zu erbringen, läuft der Körper nur mehr auf Halbmast. Fehler schleichen sich ein und so sehr man sich auch bemüht, man bekommt einfach nichts mehr auf die Reihe. Es stellt sich ein Gefühl von Sinnlosigkeit ein und Betroffene ziehen sich von allen sozialen Aktivitäten zurück.

Es kommt zu einer inneren Leere, die nur von einer permanenten Unzufriedenheit abgelöst wird. Für positive Gedanken ist kein Platz mehr. Man hat keine Freude mehr am Leben, am Alltag oder an der Arbeit. Burnout-Patienten entwickeln auch meist einen sehr harten Zynismus und behandeln ihre Umwelt und sogar die Liebsten sehr schroff. Die gesamte Persönlichkeit verändert sich und der einstige Charakter lässt sich kaum mehr erkennen.

Kopfschmerzen, Rückenschmerzen, Magenschmerzen und Schlafstörungen sind die permanenten Begleiter und meist werden starke Schlaftabletten eingeworfen. Am Morgen kommt man kaum aus den Federn und benötigt etwas zum Aufputschen. Burnout-Patienten greifen daher auch häufig zu Alkohol und Drogen oder verschreibungspflichtigen Medikamenten.

Nimm nun dein Tagebuch zur Hand, denn ich habe einen kleinen Test für dich vorbereitet, anhand dessen du erkennen kannst, ob du Burnout gefährdet bist. Sei dabei aber wirklich ehrlich zu dir selbst. Es bringt nichts, wenn du dich selbst belügst. Und jemand anderer wird deine Notizen auch nicht lesen.

1. Erwartest du immer mehr von dir, als man normalerweise leisten kann?

2. Fühlst du dich wie ein Versager, wenn in der Arbeit etwas schief geht?

3. Ist es dir wichtig, dass dich alle Menschen mögen?

4. Fühlst du dich immer für alles verantwortlich?

5. Bittest du ungern andere Menschen um Hilfe, weil du nicht schwach wirken willst?

6. Vermeidest du Risiken und gehst lieber den sicheren Weg?

7. Hattest du bis jetzt schon so viele Probleme im Leben und knabberst immer noch daran?

8. Gibst du mehr, als du zurückbekommst?

Wenn du mehrere dieser Fragen mit Ja beantwortet hast, so solltest du nachdenken. Es heißt jetzt noch nicht, dass du unter einem Burnout leidest. Vor allem dann nicht, wenn du dich sowohl beruflich als auch privat noch wohl fühlst. Doch wenn du selbst merkst, dass etwas nicht stimmt, dann wäre es wichtig, jetzt die Initiative zu ergreifen.

Schalte auf jeden Fall sofort beruflich einen Schritt zurück. Lies dir noch einmal die Punkte durch, die du beim Thema „Depressionen vermeiden" bereits gelesen hast. Und noch viel wichtiger: befolge sie. Auch hier ist es wichtig, dass du dir Hilfe suchst und Hilfe zulässt. Vertraue dich einem guten Freund an. Sprich über deine Befürchtung, unter einem Burnout zu leiden. Wenn dies nicht möglich ist, so suche dir professionelle Hilfe. Du kannst auch zu deinem Hausarzt gehen, der dich danach an einen Psychologen überweist. Denn mit Burnout ist nicht zu spaßen.

Daher ist es so wichtig, dass du schon jetzt beginnst, deinen Stresslevel herunterzuschrauben. Nur so kannst du dich effektiv vor Depressionen und Burnout schützen.

Zusammenfassung:

Wenn du den Test gemacht hast und zur Risikogruppe für Burnout gehörst, dann solltest du umgehend damit beginnen, die Punkte, die du auch im Kapitel „Depressionen verhindern" findest, abzuarbeiten. Vertraue dich einem Freund an oder suche dir professionelle Hilfe, denn bei einem akuten Burnout funktioniert plötzlich nichts mehr. Denke auch daran, dass du auf keinen Fall zu Alkohol, Drogen oder verschreibungspflichtigen Medikamenten greifst. Wenn du akzeptierst, dass du unter einem Problem leidest, nur dann kannst du es in Angriff nehmen. Versuche nicht, nur deinen Stress zu reduzieren, sondern arbeite effektiv daran. Ändere deine Lebenssituation und werde dir klar darüber, dass nur du alleine dich wieder aus dieser Lage manövrieren kannst.

MEINE
AUSSTEIGERGESCHICHTE

E S WAR JA SCHON mit 12 Jahren mein Traum, einmal in Thailand zu leben. Und eigentlich war es geplant, dass wir, mein Partner und ich, zu meinem 50. Geburtstag ins Land des Lächelns ziehen werden. Doch dann kam alles anders. Wir waren selbständig und arbeiteten ehrlich viel, Tag und Nacht, und gaben Kochkurse an unseren freien Tagen. Alles nur, um uns in absehbarer Zeit unseren Traum verwirklichen zu können. In der knapp bemessenen Freizeit machte ich Kurse, die ich auch später eventuell beruflich nutzen könnte. Natürlich waren wir nach drei Jahren absolut überarbeitet. Zudem verschlechterte sich die wirtschaftliche Lage enorm und nach unserem letzten Thailandurlaub begannen wir zu rechnen. Auch wenn wir weiterarbeiten würden wie bisher und noch weitere 10 Jahre anhängen würden, würde sich unser finanzielles Polster nicht großartig vergrößern. Für uns war dies der ausschlaggebende Punkt. Wir waren uns bewusst, dass wir auf uns, unsere körperliche und mentale Gesundheit und auf uns als Paar achten müssen.

Daher entschlossen wir uns 2014, die Auswanderung einfach vorzuziehen. Wir hatten ja diesen Plan ohnehin und hatten auch schon vieles dafür vorbereitet. Also gaben wir uns weitere 10 Monate Zeit und wollten in dieser Zeit unsere Zelte abbrechen und ins Land unserer Träume ziehen. Auch wenn es für Außenstehende so ausgesehen haben muss, als wäre dies eine überstürzte Handlung, so war es das auf keinen

Fall. Es war eine sehr überlegte und durchdachte Handlung und wir hatten alle Pros und Kontras gut abgewogen.

In erster Linie ging es dabei nicht nur um die Wirtschaftlichkeit, sondern auch um unsere körperliche und geistige Gesundheit. Wir waren an einem Punkt angelangt, an dem wir uns nicht mehr für andere abarbeiten wollten. Auch wenn wir selbständig waren, im Endeffekt waren wir doch in einem enormen Hamsterrad gefangen. Nachdem wir alles ausgerechnet hatten, so stand für uns fest, dass wir das Richtige tun würden.

Es war auch eine Entscheidung für uns. Gegen Stress und die Überlegung, dass wir in diesem Alter noch mutig und jung genug für einen Neubeginn waren. Wir leben mittlerweile mehr als sechs Jahre im Land unserer Träume und haben noch keine Sekunde bereut. Wir haben durch meine Krankheit zwar manch harte Momente gehabt, doch die hätten wir überall gehabt und ich denke, hier, in dieser Umgebung und mit weit weniger Stress, war auch das beste Umfeld, um wieder rasch gesund zu werden.

Zusammenfassung:

Was ich dir mit meiner kleinen persönlichen Geschichte vermitteln will ist, dass du an deine Träume glauben sollst und diese auch verwirklichen musst. Es hilft nichts, nur zu träumen und alles auf irgendwann zu verschieben. „Wenn der Stress erstmals vorbei ist, dann beginne ich zu leben." Dies ist kein guter Vorsatz, denn der Stress wird nie von selbst vorbei sein. Du musst beherzt eingreifen und dem Stress ein Ende setzen, egal was andere sagen und denken.

Mach dir auch keinen Kopf darüber, ob dich andere für verrückt erklären. Uns haben sie mehr als nur einmal für verrückt erklärt und nun ist es so, dass sie uns beneiden. Ich sag dann jedoch immer, dass jeder die Chance dazu hat, seine Träume zu verwirklichen. Auch wir hatten keinen Lottogewinn, mit dem wir uns diesen Traum erfüllt haben. Wir hatten uns ein Ziel gesetzt, hart darauf hingearbeitet und unsere eigene Deadline eingehalten. Dadurch war der Stress, den wir natürlich hatten, auch nicht so schlimm. Es war ein Ende absehbar.

Wenn du Träume und Wünsche hast, setze sie um. Welche Ziele hast du in deinem Leben? Nimm dein Tagebuch zur Hand und schreibe deine großen Wünsche auf. Greife dabei auch ruhig nach den Sternen und notiere auch die Wünsche, die auf den ersten Blick unmöglich erscheinen. Wenn man wirklich will, so ist nichts unmöglich. Du musst nur mit deinem ganzen Herzen dahinterstehen und dabei dich selbst nie aus den Augen verlieren. Bleib dir bei allem treu und sei kreativ, motiviert und auch in gewisser Weise flexibel. So bist du auf dem besten Weg, ein stressfreies Leben zu führen.

GRENZEN ZIEHEN UND
DIESE VERTEIDIGEN

E S IST STRESSIG, WENN andere stets deine Grenzen überschreiten. Es ist nicht nur stressig, sondern auch absolut respektlos. Ich hatte einmal eine Nachbarin, die stand jeden Tag mindestens fünf Mal auf der Matte und ignorierte auch gekonnt, wenn ich ihr vermittelte, dass ich gerade keine Zeit und keine Lust für und auf sie hatte.

Sagte ich ihr, dass ich gerade kochen müsse, so wollte sie mir dabei zusehen. Sagte ich, dass ich aufwischen müsse, so versicherte sie mir, sie würde auch brav ihre Füße anheben. Sagte ich ihr, dass ich einkaufen müsste, so kam sie einfach mit oder lauerte schon an der Türe auf meine Rückkehr. Ich wollte lange nicht direkter werden, weil sie mir einfach leidtat. Wie einsam und gelangweilt muss man sein, wenn man sich selbst so gar nicht beschäftigen kann.

Doch später ging mir ein Licht auf. Sie musste mir nicht leidtun, sondern sie musste lernen, Grenzen zu akzeptieren. Also begann ich deutlicher zu werden. Ich sagte ihr klipp und klar, wann und wie lange sie kommen konnte und komplimentierte sie aus dem Haus, wenn es mir zu viel wurde. Ich machte ihr auch deutlich, dass mich ihre Anwesenheit stressen würde, wenn sie pausenlos bei mir wäre. Sie war natürlich total überrascht, vielleicht auch ein bisschen verletzt, aber sie hatte es tatsächlich nicht bemerkt, dass sie in vielen Momenten einfach störend war.

Deine eigenen und persönlichen Grenzen sind auch zu deinem eigenen Schutz da. Ohne diese Grenzen bist du anderen permanent ausgeliefert und wirst zum Spielball. Setzt du keine Grenzen, so denkt jeder, dass er mit dir einfach alles machen kann.

Du kannst deine Grenzen nur ziehen und verteidigen, wenn du ehrlich bist. Du musst dabei auch nicht unhöflich werden oder andere vor den Kopf stoßen. „Ich weiß, dass du es gut meinst, aber in diesem Fall gehst du mir zu weit" ist eine höfliche Art und Weise, den Anderen eine Grenze aufzuzeigen. „Du gehst hier einen Schritt zu weit" ist ebenfalls eine Möglichkeit, deutlich zu werden.

Indem du deine Grenzen aufzeigst und diese verteidigst, nimmst du auch auf deine eigenen Bedürfnisse Rücksicht. Dies ist wichtig, denn nur du kannst dafür sorgen, dass es dir gut geht. Auch deine Werte kannst du verdeutlichen, indem du deine Grenzen setzt. Es muss nicht immer eine räumliche Grenze sein. Auch anzügliche Sprüche, politische oder sexistische Meldungen oder Ansichten, die dir gegen den Strich gehen, warum auch immer, musst du nicht ertragen.

Nimm nun dein Tagebuch zur Hand und schreib auf, wo deine Grenzen liegen. Wie bei einem Haus musst du auch hier einen Plan haben. Ohne Zaun oder ohne Grenzsteine weißt du ja auch nicht, wo dein Grundstück beginnt und endet.

Wie sieht es mit deinem Bedürfnis nach Ruhe, Respekt und Fairness aus? Für welche Dinge stehst du ein? Bist du Tierschützer, kämpfst du für Rechte von Randgruppen oder bist du ein Anhänger einer anderen Gruppierung? Wo und wie werden deine Grenzen zurzeit immer wieder verletzt? Denk dabei nicht nur an dein Privatleben, sondern auch an die Arbeit. Was möchtest du ab nun nicht mehr einfach so hinnehmen und tolerieren? Wann hast du das letzte Mal etwas gesagt, wenn jemand deine Grenzen überschritten hat?

Gibt es Menschen, für die deine Grenzen nicht gelten? Ja, das gibt es in der Tat. Meine beste Freundin zum Beispiel könnte bei mir kaum eine Grenze überschreiten, weil es für sie kaum Grenzen bei mir gibt. Wer darf dich bedingungslos kritisieren und wer nicht? Warum ist das so?

Wenn du diese Fragen ganz ausführlich analysiert hast, so hast du deinen Grenzbereich markiert. Daran solltest du dich auch in Zukunft orientieren und auch sofort die rote Flagge hochreißen, falls jemand über deine Grenzen kommt.

Auf der anderen Seite solltest du jedoch auch so viel Sensibilität entwickeln und die Grenzen anderer erkennen und respektieren. Ich gehe gerne weit und frage ziemlich persönliche Fragen. Ich ermuntere meine Gesprächspartner aber stets, mir auch ruhig zu sagen, wenn ich damit zu weit gehe. Ich kann dabei sehr direkt sein, will jedoch damit niemanden brüskieren oder verletzen, sondern es liegt tatsächlich am Interesse. Ich bin froh, wenn mir dann jemand ehrlich sagt, wenn eine Grenze erreicht ist. Darum sei auch du so gut und mache deine Grenzen sichtbar. Viele Menschen wissen vielleicht nicht, wo deine Grenzen sind.

Zusammenfassung:

Du musst deine Grenzen aufzeigen, weil andere diese unsichtbaren Linien nicht erkennen können. Natürlich wollen sie manche Menschen auch nicht sehen, dann ist es doppelt wichtig, dass du vehement dafür einstehst. Arbeitest du ständig 50 Stunden pro Woche und sagst nie ein Wort, dass du diese auch bezahlt bekommen möchtest, Zeitausgleich dafür beziehen willst oder ansonsten nur mehr deine 40 Stunden arbeiten wirst, wird es dein Boss nicht wissen oder auch nicht wissen wollen. So lange du nichts sagst, freut er sich über die kostenlose Mehrarbeit, die du leistest.

Schmunzelst du immer verbissen, wenn deine Kollegen anzügliche Witze machen, dann werden sie niemals kapieren, dass dir diese unangenehm sind. Du ärgerst dich innerlich schwarz und deine Kollegen denken sich wahrscheinlich absolut nichts dabei. Daher ist es wichtig, dass du sagst: „Bis hierher und nicht weiter."

Für dich kann es unheimlich stressig sein, wenn deine Grenzen ständig überschritten werden. Du verspürst Trauer, Ärger, Scham oder Wut. Nur solange du deine Grenzen nicht zeigst, solange du keinen Zaun baust, so lange werden andere immer wieder in deinen persönlichen Bereich eindringen.

Grenzen aufzuzeigen bedeutet, dass du für dich einstehst. Es ist eine Form der Selbstliebe und diese ist so wichtig. Du zeigst dadurch, dass du dir selbst wichtig bist und du dich auch dafür einsetzt, dass deine Bedürfnisse befriedigt werden.

STRESS IN
FREUNDSCHAFTEN

E S GIBT VIELE SITUATIONEN und Möglichkeiten, in welchen es zu Stress in Freundschaften kommen kann. Überlege, ob du Freundschaften führst, die dich regelmäßig stressen. Nimm dazu auch ruhig dein Tagebuch zur Hand und mache eine Liste mit deinen Freundschaften. Nun analysiere diese. Sind es harmonische und ausbalancierte Freundschaften? Herrschen ein ausgewogenes Geben und Nehmen oder gibst du mehr als du nimmst oder ist es umgekehrt? Bist du in allen Belangen mit diesen Freundschaften glücklich oder gibt es Aspekte, die dich nerven oder stressen?

Es kann dich zum Beispiel stressen, dass ein Freund immer anruft und dabei auch niemals darauf Rücksicht nimmt, dass du bereits um 22 Uhr schläfst. Nicht nur einmal klingelt er dich pro Woche um 2 Uhr früh aus dem Bett und du wachst schweißgebadet und mit Herzklopfen auf, weil du denkst, irgendetwas Schreckliches sei passiert. So etwas kann enorm stressen und kostet dich auf lange Sicht mehr als nur einige graue Haare.

Gibt es einen Freund, den du nie erreichst, er dich aber immer? Wenn du etwas dringend benötigen würdest, dann kannst du diesen Freund einfach nicht erreichen, egal wie oft du es auch versuchst. Er ist wie vom Erdboden verschluckt. Wenn er jedoch etwas benötigt, dann erreicht er dich immer. Musst du dich wegen einer wichtigen Angelegenheit, die ihm wichtig ist zurückrufen, dann ist er ebenfalls erreichbar. Hat er jedoch, was er wollte, dann geht das Spiel von vorne los.

Hast du einen Freund, der dich ständig kritisiert, kein gutes Haar an dir lässt und dich eigentlich immer klein machen will – auch in der Öffentlichkeit. Meist sind dies Menschen, die selbst so klein und voll Fehler sind. In dir hat derjenige vielleicht jemanden gefunden, den er noch kleiner machen kann, um sich selbst größer zu fühlen. Auch hier kann ich dir sagen, dass dies keine Freundschaft ist. Du bist Mittel zum Zweck. Erinnere dich an das letzte Treffen. Hattest du Schweißausbrüche und fühltest du dich gestresst, weil dich der vermeintliche Freund wieder vor versammelter Mannschaft lächerlich gemacht hatte?

Hast du eine Freundin, die du pausenlos irgendwohin begleiten musst, nur weil sie alleine nicht weggehen möchte. Lässt sie dich dann jedoch stets alleine am Tisch sitzen, weil sie andere trifft und vergisst dich? Stresst du dich wegen ihr, lässt du wegen ihr immer alles stehen und liegen, nur um sie nicht zu enttäuschen oder zu verletzen? Kassierst du dafür jedoch immer eine Enttäuschung nach der anderen?

Es gibt so viele Möglichkeiten für Stress in einer Freundschaft. Es kann eine Freundin sein, die ständig negativ denkt, die über alles und jeden jammert und nur über andere lästert. Es kann der Freund sein, der ein enormer Energie-Vampir ist oder auch der Freund, der sich ständig Geld, Klamotten, Elektrogeräte und mehr von dir leiht und nie freiwillig zurückgibt. Dies alles sind Situationen, die dich enorm stressen können, vor allem dann, wenn du einfach zu nett oder zu schüchtern bist, etwas zu sagen.

Damit muss aber Schluss sein. Sei selbstbewusst und rede mit diesen Freunden ein ernstes Wörtchen. Du musst dabei nicht gleich die ganze Freundschaft in Frage stellen, wenn dir so viel daran liegt. Es ist aber wichtig, dass du deinen Standpunkt klar machst und zu erkennen gibst, wie sehr dich diese Freundschaft eigentlich stresst und belastet.

Wenn es wirklich gute Freunde sind, denen ebenfalls viel an der Freundschaft liegt, dann werden sie deine Meinung akzeptieren. Es kann auch sein, dass sich diese Freunde nun aber beleidigt verabschieden. Doch auch dann ist es eine Entstressung für dich und du kannst wieder einmal für diese natürliche Auslese dankbar sein. Siehe es als richtige Ent-täuschung, nämlich als das Ende einer Täuschung an. Du wirst merken, dass es sich, ist die Lage ein-für-allemal geklärt, viel ruhiger leben lässt.

Zusammenfassung:

Analysiere und sortiere deine Freundschaften. Denke darüber nach, welche Freundschaften dich stressen und warum. Mache danach klar Schiff und sprich diese Probleme offen und ehrlich an. Du musst dabei natürlich immer damit rechnen, dass dadurch die eine oder andere Freundschaft in die Brüche geht. Sieh dies jedoch als Chance für einen Neubeginn. Freue dich darüber, dass du endlich nicht länger ausgenutzt wirst und deine kostbare Zeit nicht in Freundschaften investierst, die eigentlich nur einseitig existieren. Nimm die Enttäuschung als Ende einer Täuschung an und sei dadurch bereit und offen für neue Freundschaften.

STRESS IN DER FAMILIE

IN DEN BESTEN FAMILIEN kommt es zu Stress, egal ob mit den Kindern, den Geschwistern, den Eltern, den Großeltern, den Onkeln oder den Tanten. Gerade wenn Generationen zwischen dir und der Verwandtschaft liegen, kann es manchmal schwierig werden, einfach weil die Ansichten so weit auseinanderklaffen.

Auch mit den Kindern können die Hormone, die Pubertät, die Schlampigkeit, die Schulprobleme und mehr zu häufigem Stress führen. Mit den Kindern ist es wichtig, konsequente Regeln aufzusetzen und diese auch einzuhalten. Stresst es dich, dass dein halbwüchsiger Sohn immer nachts mit dem Moped unterwegs ist und sich zwischendurch nie meldet. Sprich mit ihm über deine Sorgen und mach ihm bewusst, dass du ihn mit seinen knapp 18 Jahren nicht kontrollieren willst, sondern dass du dich einfach nur sorgst. Mach ihm bewusst, dass du nächtelang schweißgebadet im Bett liegst und nicht schlafen kannst. Kinder denken nicht an die Sorgen der Eltern, du musst es ihnen erklären. Dies ohne Streit und ohne Vorwürfe. Appelliere an die Liebe und an die Vernunft und bitte sie einfach um Rücksichtnahme.

Sind es Probleme in der Schule, mit dem Lernen, den Hausaufgaben, den Lehrern oder den Mitschülern, so musst du auch konsequent die Probleme ansprechen. Lege Regeln fest und erkläre deinen Kindern, dass auch dich die Situation stresst und fertig macht. Sprich mit den Lehrern und gehe jedes Problem sofort und offensiv an.

In der Familie kann es auch zu Stress kommen, wenn Mutter und Schwiegermutter jedes Wochenende erwarten, dass du samt Kind und Kegel pünktlich um 12 Uhr zum gemeinsamen Mittagessen erscheinst. Es kann zu Stress kommen, wenn deine Eltern nicht mit deiner Berufswahl, mit deinem Partner oder generell mit deinem Weg zu leben einverstanden sind. Bei dieser Art von Stress hilft ebenfalls nur ein Gespräch. Offen und ehrlich, freundlich, aber bestimmt und mit Fakten beladen. Du musst deine plausiblen Argumente vorbringen und deine Wünsche, Ziele und Vorstellungen verteidigen und dafür einstehen.

Oft stressen dich einfach die Erwartungen, die deine Familie in dich setzt. Auch hier ist es wichtig, dass du deine Grenzen ziehst. Auch wenn du deine Familie über alles liebst, du musst dennoch deine Bedürfnisse durchsetzen. Du musst dein Leben leben und dich abnabeln. Du musst deine Werte verteidigen und deine Wünsche und Träume verwirklichen.

Auch ist es wichtig, dass auch deine Familie versteht, dass du nicht immer und zu jederzeit für sie zur Verfügung stehst. Sie müssen verstehen, dass du deinen Freiraum benötigst und dir diesen auch nimmst. Du kannst dies alles freundlich und bestimmt festlegen. Gerade in der Familie hilft es auch oft, feste Pläne anzulegen. Mache allen anderen klar, wann du deine Zeit nur für dich beanspruchst. Betone dabei, dass dies nicht bedeutet, dass du deine Familie weniger liebst, aber dass du dich auch liebst und dass du diese Zeit für dich, für deinen Körper, deinen Geist und deine Seele benötigst.

Zusammenfassung:

Gerade in der Familie kommt es häufig zu Stress, egal ob mit den Kindern, den Eltern oder den Großeltern. Dies liegt häufig an den unterschiedlichen Ansichten der Generationen. Es ist wichtig, dass du auch in deinem Familienkreis deine eigenen Grenzen festlegst und auch hier darauf achtest, dass diese eingehalten werden. Gerade in der Familie ist dafür oft noch mehr Konsequenz nötig. Du musst hier absolut sensibel und liebevoll handeln, jedoch auf deinem Standpunkt beharren. Lass dich nicht stressen, wenn du nicht den Erwartungen deiner Eltern entsprichst. Du musst dein Leben so leben, wie du es möchtest und für richtig hältst. Lege Pläne fest und mache allen klar, dass deine Freiräume deine Freiräume sind. Nimm dir auch im Familienkreis eine Auszeit nur für dich.

STRESS IN DER LIEBE
UND IN BEZIEHUNGEN

BEZIEHUNGSSTRESS IST VIELLEICHT DER schlimmste Stress überhaupt, da er fast alle Bereiche deines Lebens beeinflusst. Hast du Stress mit deinem Partner, so bist du während der Arbeit abgelenkt, du fühlst dich zu Hause nicht wohl, denkst unterwegs ständig daran und kannst auch nachts nicht schlafen.

Diese Dinge stressen dich noch mehr und du bist wie in einer Spirale gefangen. Durch den Stress und den Schlafmangel bist du schlechter gelaunt, was das Zwischenmenschliche in der Beziehung auch garantiert nicht besser macht. Daher ist es wichtig, gerade in der Beziehung den Stress so gering wie möglich zu halten. Natürlich kann es immer wieder zu Kleinigkeiten kommen. Jedoch ist es auch möglich, sich gegenseitig nicht zu stressen und absolut harmonisch zu leben. Wenn jemand sagt: „Eine Beziehung ohne Streit gibt es nicht", dann kann ich hier absolut und konsequent widersprechen. Auch wenn gesagt wird, dass Streit zu einer Beziehung gehört, weil die Versöhnung so schön ist, auch das ist nicht wirklich wahr. Ich kann dir sagen, dass es viel angenehmer ist, wenn die Beziehung harmonisch, respektvoll und liebevoll ist. Man benötigt keinen Streit, um sich innig zu lieben. Und man muss nicht explodieren und streiten, um zu wissen, was man am Anderen hat.

Ich kenne alle Varianten von Beziehungen und habe in meinem Partner nun meinen Seelenverwandten gefunden. Ich weiß nun, was es bedeutet, in einer Beziehung angekommen zu sein, und ich kann dir gar nicht deutlich genug sagen, wie erleichternd es ist, wenn man vor dem Partner keine Geheimnisse haben muss und wirklich alles besprechen kann.

Zum häufigsten Stress in Beziehungen kommt es, weil man dem Partner eben nicht alles sagen kann. Das ist auf gewisse Weise eine Lüge und auf Lügen sollte man keine Beziehungen, Freundschaften oder Partnerschaften aufbauen, egal ob es dabei um Finanzen, um ehemalige Beziehungen, um Treffen mit Freunden oder um geheime Nachrichten mit anderen geht. Es ist niemals in Ordnung, dem Partner etwas verheimlichen zu müssen.

Ich habe Freundinnen, die von allen Klamotten, Taschen und Schuhen vor dem Partner behaupten, diese würden sie schon ewig besitzen, obwohl noch beinahe das Preisschild daran klebt. Ich weiß, wie stressig es für manche Freunde ist, immer das Mobiltelefon auf lautlos zu haben und immer zu verstecken, nur damit der Partner den Chatverlauf oder, was auch immer, nicht sehen kann.

Sexuelle Probleme können stressen, Eifersucht, Misstrauen, Faulheit oder Schlampigkeit und so viel mehr. All diese Probleme und somit der Stress würden sich jedoch durch ehrliche und aufrichtige Gespräche verhindern lassen.

Auch ist es so, dass gerade eine Beziehung ebenfalls nicht in Stein gemeißelt sein muss. Wenn es nicht mehr geht, dann geht es auch nicht mehr. Man sollte auch in Beziehungen loslassen können und nicht an etwas festhalten, das auf Dauer keine Chance hat. Bleib nicht in einer aussichtslosen Beziehung, die dich unglücklich macht, nur weil du nicht alleine sein willst. Steigere dich nicht in etwas hinein, nur weil du Zuneigung und Anerkennung suchst. Binde dich nicht an jemanden, nur weil du gebraucht werden willst. Dies sind alles Dinge, die wahnsinnig stressen können und die dich auf Dauer krank machen können. Beziehungsprobleme und der Stress, den diese mit sich führen, sind nach dem Stress am Arbeitsplatz die zweithäufigsten Auslöser für Depressionen und Burnout. Dabei sollten Beziehungen, Partnerschaften und Liebe doch das Schönste auf der Welt sein.

Nimm dein Tagebuch zur Hand und analysiere deine Beziehung. Welche Seiten deiner Beziehung machen dich glücklich und welche stressen dich? Warum läuft immer etwas schief? Suche das Gespräch mit deinem Partner. Seid dabei ruhig, offen, ehrlich und liebevoll. Sprecht alle Probleme an und sucht gemeinsam nach einer Lösung. Wenn man sich liebt, gibt es für alles eine Lösung.

Wenn dich dein Partner auch ab und an zur Weißglut treibt, dann atme tief durch, blicke ihn an und erinnere dich daran, warum du dich in ihn verliebt hast. Meditiere und finde zu dir selbst. Oft liegt es auch an uns selbst, dass sich ein Streit hochschaukelt. Macht beide einen Schritt zurück. Nehmt eine halbe Stunde Auszeit, seht euch anschließend wieder an, nehmt euch in die Arme und versöhnt euch. Wichtig ist auch, dass in jeder Beziehung absoluter Respekt herrscht.

Schimpfwörter und Beleidigungen haben in absolut keiner Beziehung etwas zu suchen. Ist der Respekt erst einmal verloren – und das geht schnell –, kommt er nur langsam wieder zurück. Vergiss auch nie, dass du deine Worte und Beleidigungen nicht mehr zurücknehmen kannst. Gesagt ist gesagt und hinterlässt Wunden. Wenn dich jemand beleidigt, kannst du eine Stunde später doch auch ein „Ich liebe dich" nicht wirklich ernst nehmen, egal wie aufrichtig es gemeint ist.

Auch wenn es wie ein alter Hut klingt: Geht nie ohne Versöhnung und ohne Aussprache ins Bett. Liegst du gerne mit offenen Augen im Bett und kannst nicht schlafen, weil dich der vergangene Streit stresst? Nein? Dein Partner garantiert auch nicht. Also tut euch gegenseitig den Gefallen und sprecht euch aus.

Zusammenfassung:

Beziehungen können so wunderbar, aber auch so schrecklich sein. Wunderbar, wenn alles harmoniert, und schrecklich, wenn Stress und Streit an der Tagesordnung stehen. Um Stress in der Beziehung zu vermeiden, gibt es einige wichtige Punkte. Das Geheimrezept für eine gut laufende Beziehung ist gar nicht kompliziert. Neben der Liebe, die natürlich vorhanden sein muss, sind es Respekt, Vertrauen und Ehrlichkeit, die absolut wichtig sind. Eine Beziehung ohne diese Attribute kann auf Dauer nicht funktionieren.

Lasse dich auch nicht auf eine Beziehung ein, wenn du nicht absolut dahinterstehst. Ein Partner ist kein Lückenbüßer, kein Trostpflaster und soll auch nicht dazu dienen, damit du dich besser fühlst oder nicht alleine sein willst. Sprecht immer offen und ehrlich miteinander. Lügt euch nicht an. Wenn etwas nicht mehr geht, dann hab auch dann den Mut, dies offen auszusprechen. Wenn du deinen Partner nicht verlassen willst, nur weil es so praktisch ist, mit jemandem die Wohnung zu teilen, dann ist der Stress vorprogrammiert.

Macht viele Dinge gemeinsam. Sucht euch gemeinsame Hobbys und habt Spaß. Lacht gemeinsam und seid gemeinsam albern. Dein Partner soll dein bester Freund, dein Fels in der Brandung, dein Seelenpartner und dein Liebhaber und Kumpel sein. Wenn dies funktioniert, dann hast du auch keinen Stress in der Beziehung. Denk auch immer daran, dass gerade Beziehungsstress dein gesamtes Leben beeinflusst. Bist du in deiner Beziehung unglücklich, dann hast du auch meist in der Arbeit nicht die volle Konzentration und auch in der Freizeit bist du ständig gehemmt und abgelenkt. Du schläfst schlecht und deine Laune verbessert sich dadurch auch nicht. Eine stabile und harmonische Partnerschaft ist das beste Fundament für ein gesundes, glückliches und stressfreies Leben.

WAS IST
SELBSTMANAGEMENT?

I**N EINIGEN KAPITELN HABE** ich schon grob das Thema
Selbstmanagement angesprochen und erwähnt, wie wichtig
es doch ist, wenn du Stress reduzieren möchtest. Doch was
genau ist Selbstmanagement? Musst du jetzt einen Mana-
ger-Kurs absolvieren? Nein, natürlich nicht. Es bedeutet
lediglich, dass du es schaffst, deine privaten und beruflichen
Aufgaben zu analysieren, zu gestalten und einzuteilen.

Früher hätte man vielleicht gesagt: „Du musst einfach
deine Termine ordentlich verwalten, ein Haushaltsbuch und
einen Kalender führen." Später hätte man alles im Filofax ver-
waltet. Und auch heute nutzen wir doch für wichtige Termine
unser Smartphone. Doch eben nur für die wichtigsten Sachen.
Selbstmanagement bedeutet, dass du dein komplettes Leben
absolut genau und korrekt durchplanst und verwaltest. Das
klingt ziemlich konservativ und glaube mir, ich selbst bin von
einer konservativen Lebensform so weit entfernt wie die Maus
vom Mond. Und doch halte ich viel von Selbstmanagement.
Selbstmanagement ist wichtig, wenn du deine beruflichen
Ziele erreichen möchtest. Und auch für deine privaten Ziele
ist es unverzichtbar. Ich hätte ohne mein straffes Selbstmanagement die Auswanderung nicht so gut geschafft. Und
auch in finanzieller Hinsicht hat mich oder uns das eigens
auferlegte Management toll durch die ersten Jahre gebracht.
Mit der Hilfe des Selbstmanagements hatten wir genau vor
Augen, wie viel Geld wir verdienen müssen oder wie viel Geld
wir täglich zur Verfügung haben.

In unserem Fall war es eine einfache Rechnung, wie viele Monate wir mit unseren Ressourcen auskommen würden, auch wenn wir keine Einkünfte würden generieren können. So konnten wir die ersten zwei Jahre auch relativ entspannt die neue Heimat genießen und erst die Gegend kennenlernen, bevor wir uns wieder ans Arbeiten machten. Auf diesem Prinzip funktioniert das Selbstmanagement.

Setze dir zuerst deine Ziele, egal um welche es sich handelt. In unserem Fall war es vor Jahren die Auswanderung. Heute ist es vielleicht, in einem Monat ein Buch fertig zu stellen, in einer Woche für ein Magazin 6 Artikel zu verfassen oder für eine Einladung verschiedenste Speisen und Desserts vorzubereiten. Es kann auch ein Vortrag sein, den ich halten sollte, oder ein Webinar für einen Kunden, das ich bis zu einer gewissen Deadline fertig vorbereiten muss.

Jeder hat natürlich seine individuellen Pläne und Ziele. Es kann der Jobwechsel sein, es kann eine Gewichtsabnahme sein, aber auch ein Sparplan. Nimm also dein Tagebuch zur Hand und schreib deine privaten und beruflichen Ziele auf, die dir im Moment so vorschweben.

In vielen Selbstmanagement-Seminaren wird hierfür die sogenannte Smart-Methode empfohlen. Diese bedeutet, die Ziele müssen spezifisch, messbar, akzeptabel, realistisch und terminiert sein. Diese Kriterien müssen jedes Ziel erfüllen, um auch wirklich in dein Management aufgenommen zu werden.

Du spezifizierst dein Ziel, indem du es formulierst. Ich will mich beruflich verändern. Es ist insofern messbar, da auf dem Arbeitsplatz noch genügend andere Berufe auf dich warten und du große Lust auf berufliche Veränderung hast. Es ist insofern akzeptabel, weil du dadurch glücklicher sein wirst, mehr verdienst oder mehr Freizeit hast. Vielleicht ist auch der Arbeitsweg kürzer oder du kannst von anderen Besonderheiten wie Dienstwagen und Sonderzulagen profitieren. Dieses Ziel ist dadurch auch absolut realistisch. Nun legst du auch noch einen Zeitraum fest, wann es soweit sein soll.

Sobald du dieses Ziel in deinen Selbstmanagement-Plan eingetragen hast, kannst du auch schon mit der Umsetzung beginnen. Das ist nämlich ebenfalls das A und O – sei so diszipliniert und beginne sofort mit deinen tatkräftigen Plänen. Beginnst du später und zögerst du den Start hinaus, so bekommst du gegen Ende hin wieder Stress. Sieh dir also die verfügbaren Arbeitsstellen an, die für dich in Frage kommen, schreibe Bewerbungen, mache Bewerbungsgespräche aus, kündige fristgerecht deinen alten Job und lass dir zwischen den Jobs auch einen gewissen Freiraum, den du als Urlaub nutzen kannst. Wechselst du nahtlos von einer Stelle in die nächste, so kommst du meist um deinen Jahresurlaub. Und so lange ohne Urlaub durcharbeiten würde wieder zusätzlichen Stress bedeuten. Auch wenn der neue Job sehr cool und verlockend ist, nimm dir mindestens eine Woche frei, bevor du antrittst. Vergiss nicht: Du brauchst einfach auch Zeit für dich, um deine Akkus wieder aufzutanken.

Du weißt bei deiner Zielsetzung immer bereits, welche Menge an Arbeit auf dich wartet. Willst du in einem Jahr 12 Kilo abnehmen, dann ist das pro Monat ein Kilo. Das bedeutet, du musst dir nun deinen täglichen Kalorienumsatz ausrechnen und soweit unter diesem essen oder dich dementsprechend mehr bewegen, sodass du dies auch verwirklichen kannst. Achte darauf, dass du dich strikt an deine Pläne hältst. Mache nicht zu viel, aber auch auf keinen Fall zu wenig. Wenn du deine wöchentlichen Etappen erreicht hast, vergiss auch nicht, dich zu belohnen und ordentlich stolz auf dich selbst zu sein.

Will ich in einem Monat die restlichen 40.000 Wörter für mein Buch zu Papier bringen, so rechne ich mir auch die tägliche Wortanzahl aus. Dies klingt zwar jetzt wenig kreativ, ist aber extrem wichtig, damit ich mich weder überarbeite noch alles zu lasch schleifen lasse. Habe ich in drei Tagen ein großes Fest auszurichten, dann bereite ich täglich einiges vor, friere es ein, backe vor und sorge auch so Schritt für Schritt, dass am Ende alles passt. Würde ich bis kurz vor dem Eintreffen des Besuchs warten, so würde mich alles überfordern und ich wäre massiv gestresst. So aber bin ich bestens und in Ruhe vorbereitet und kann auch den Besuch und das Essen mit allen Sinnen genießen.

In der Regel weiß ich einen Monat im Vorfeld, wann und wo ich einen Vortrag oder ein Seminar abhalten muss. Auch hier versuche ich, jeden Tag mein gewisses Quantum dafür zu erarbeiten. Ich bereite jeden Tag Blätter und Folien vor und nehme vielleicht Tutorials auf. Es ist bei allem wichtig, dass jede Arbeit perfekt aufgeteilt und eingeteilt ist. So kommt man einfach nicht in die Bedrängnis und erspart sich eine Menge Stress.

Zusammenfassung:

Das ist die ganze Hexerei (Österreichisch für „das ist der Trick"), die hinter dem großen Begriff Selbstmanagement steckt. Und du kannst dies wirklich auf alle Bereiche anwenden. Notiere dir immer die Termine, Pläne und Aufgaben und lege einen ungefähren Zeitplan fest. Es kann natürlich sein, dass du nicht genau sagen kannst, ob du in einem Monat oder 6 Wochen mit dem neuen Job beginnen kannst, aber in der Regel lässt sich alles ziemlich genau abschätzen.

Plane auch immer eine Pufferzeit ein. Es kann immer zu Verspätungen, Verschiebungen und kleinen Pannen kommen.

Damit dich diese nicht stressen, sind der Puffer oder das Polster enorm wichtig. Hast du eine Weltreise geplant und einen bestimmten Betrag dafür zur Verfügung, so rechne dir aus, wie viel Geld du täglich verbrauchen darfst. Sind es Pi mal Daumen 30 Euro, die du pro Tag verwenden könntest, so plane nur 20 Euro pro Tag ein und lege die restlichen 10 Euro konsequent zur Seite. So kann auch einmal eine kleine Überraschung kommen und es wirft dich dennoch nicht aus dem Konzept.

Beginne damit, einen Terminplaner zu führen, egal ob auf altmodische Art in Papierform oder auf deinem Mobiltelefon. Es ist wichtig, dass du morgens all deine Termine vor Augen hast. Auch hier denk an die Puffer. Plane nie Termine, wo ein Termin nahtlos in den anderen übergeht. Dauert nun ein Termin nur fünf Minuten länger, so kommst du in Stress und bist automatisch verspätet – ein denkbar schlechter Einstieg, wenn es sich um einen wichtigen Termin handelt.

Denke jeden Tag an deine Pausen. Die Faustregel besagt, dass du nach 25 Minuten Konzentration mindestens 5 Minuten Ruhe benötigst. Schnappe frische Luft, atme durch, gönne dir einen Powernap oder einen Energieriegel. Halte dich auch daran konsequent.

Du wirst merken: Es tut absolut gut, einen so festen Plan zu haben. Auch wenn es auf den ersten Blick bieder und konservativ klingt. Aber es ist eine Stütze und entlastet dich. Zudem kannst du es zum Ritual machen, jeden Tag deinen Terminkalender zu überarbeiten. Auch Rituale tun uns gut, weil es Dinge sind, auf die wir uns bedingungslos verlassen können. Das Wichtigste aber beim Selbstmanagement ist Disziplin. Hier musst du dich immer wieder selbst ein bisschen in den Hintern treten, damit du auch am Ball bleibst. Es lohnt sich aber auf alle Fälle.

STRESS ERKENNEN

S TRESS HAT NIE EINE rote Masche umgebunden. Meist schleicht er sich klammheimlich ein und erwischt dich dann mit seiner vollen Breitseite. Oft schlittern wir einfach unbemerkt in die Stressfalle. Was so lustig, locker und leicht begann, kann sich im Nachhinein als enormer Stress entpuppen. Daher ist es wichtig zu wissen, wie du richtigen und unangenehmen Stress erkennen kannst.

Oft weiß ich ganz genau, dass wir in drei Stunden etwas vorhaben. Für mich genug Zeit, um mich in meine Bambus-Sala zu legen und in einem schönen Buch zu schmökern. Wenn dann fünf Minuten vor Abfahrt mein Mann ruft, dass wir jetzt los wollen, dann denke ich: „Oh, jetzt bekomme ich aber Stress." Ich springe schnell auf und mache mich in Windeseile fertig. Dies ist zwar Stress, aber kein gefährlicher Stress. Ich bin innerhalb von Minuten geduscht, angezogen, geschminkt und zur Abfahrt bereit.

Wenn du abends von der Arbeit nach Hause kommst, zuerst auf die Couch plumpst, die Füße hoch lagerst und erst eine viertel Stunde nichts machst als atmen und nichts denken, du danach aber wieder fit und glücklich bist, auch dann musst du dir keine Sorgen um deine zu große Stressbelastung machen.

Wichtig sind die Kriterien, dass du dich glücklich und hinterher wieder fit fühlst. Bist du auch nach einem Nickerchen immer noch müde und erschöpft, erholst du dich nicht mehr, dann solltest du eingreifen.

Erste Anzeichen, dass du gestresst bist sind Grübeleien, Gereiztheit und Müdigkeit. Reagierst du auf Kleinigkeiten gereizt, die dir Wochen zuvor nur ein herzhaftes Lachen entlockt hätten, dann kann es sein, dass du überarbeitet und durch irgendetwas gestresst bist.

Wenn du dir denkst, nur mehr zu funktionieren, und wenn sich in deinen gesamten Tagesablauf eine Automatisierung eingeschlichen hat, auch dann wird es gefährlich. Du hast keine Emotionen mehr und arbeitest nur mehr vor dich hin. Egal ob es die Hausarbeit ist, das Kochen, Putzen oder die Arbeit im Büro: Wenn du nur mehr mechanisch bist, dann ist dies auch ein Zeichen dafür, dass du sehr gestresst bist.

Ebenfalls ein Anzeichen für zu viel Stress ist, wenn du beginnst, deine Freunde, die Familie und deine Hobbys zu vernachlässigen. Wenn du dich nicht mehr aufraffen magst, dich am Sonntag mit den Freunden oder der Familie zum Brunch zu treffen, weil du einfach K.O. bist, dann sollten die Warnglocken bimmeln. Auch wenn du nachts nicht abschalten kannst, weist das auf einen hohen Stresslevel hin. Wenn du zu Kreisdenken neigst, grübelst, überlegst, einfach nur sinnlos deinen Gedanken nachhängst und dadurch noch schlapper wirst, dann solltest du dir eingestehen, dass du etwas gegen deinen Stress machen solltest.

Noch ist es nicht zu spät. Wenn du dir den Stress bei den ersten Anzeichen eingestehst, dann kannst du schwerwiegendere Folgen vermeiden. Das heißt, dann muss es gar nicht zu Depressionen oder Burnout kommen. Oft ist es aber schwierig, weil wir uns nicht eingestehen wollen, dass wir überlastet sind. Das Überlastet-sein sehen wir als Schwäche.

Glaub mir: Ich war da auch nie anders. Ich dachte immer ich sei unkaputtbar und wollte es mir und anderen nicht eingestehen, dass ich übermüdet, gestresst und einfach fertig war. Ich dachte immer, es ist cool, wenn ich anderen zeigen kann, wie viel ich doch leisten und aushalten kann. Heute weiß ich, dass dies eigentlich dumm war. Denn, wem wollte ich etwas beweisen? Mir selbst? Wollte ich mir selbst zeigen, dass ich meinen Körper und meine Seele ganz schnell selbst zerstören kann? Anderen ist es nämlich eigentlich ganz egal, wie viel du leistest. Und von einem bewundernden „Wow" oder „Du bist so tough" kannst du dir später auch nichts kaufen.

Auch verdrängen wir den Stress gerne, weil wir uns nicht gerne mit unseren eigenen Schwächen auseinandersetzen wollen. Wir finden uns auch besonders toll, wenn wir jede Herausforderung meistern und bemerken es dann zu spät, wenn wir überfordert sind. Daher ist es wichtig, immer in den Körper hineinzuhören.

Ich setze mich abends gerne ruhig in eine Ecke und lasse den Tag Revue passieren. Was habe ich heute alles geschafft? Wie fühle ich mich dabei? Ist mein Körper von der Arbeit müde und trotzdem glücklich oder bin ich übermüdet? Wie würde ich mich fühlen, wenn ich auch die nächsten Tage dasselbe Arbeitspensum schaffen müsste?

So finde ich heraus, ob ich gestresst bin und ob ich einen Gang zurückschalten muss. Meist hilft dann eine kleine Meditation oder eine Yogaübung.

Hilfreich kann auch eine Statistik in deinem Tagebuch sein. Gewöhne dir an, ein sogenanntes Stresstagebuch zu führen. Das kostet dich gar nicht viel Zeit. Nimm dir nur abends ein paar Minuten, gehe in dich und beurteile auf einer Skala von 1 bis 10, wie stressig dein heutiger Tag war. Kontrolliere am

Ende der Woche, wie so der Stressverlauf der letzten Tage war und lege eine extra Achtsamkeitsübung ein, wenn der Durchschnitt höher als 5 war – nur so zur Anregung.

Eine gute Übung zum Entspannen ist, wenn du dich abends ins Bett legst und dich auf deine einzelnen Körperteile konzentrierst. Beginne bei den Zehen und fühle, wie sie entspannen. Arbeite dich so bis zu deinem Kopf und zuletzt zu deinen Augen vor. Dann kannst du in der Regel gut einschlafen. Dies hilft auch gegen das Kreisdenken und das Grübeln.

Zusammenfassung:

Stress zu erkennen und auch zu akzeptieren ist nicht immer so einfach. Oft hat es auch mit dem eigenen Stolz zu tun. Wir wollen uns nicht eingestehen, dass wir nicht unbesiegbar, sondern durchaus verletzlich sind. Nimm dir immer wieder Zeit und frage dich selbst, wie weit und wie sehr dich der Stress des heutigen Tages belastet hat. Nimm dir Zeit für dich selbst und lege Ruhepausen ein. Versuche es mit einem Stresstagebuch. Führe eine Statistik von 1 bis 10 jeden Abend, wie du deinen heutigen Stresslevel einschätzt. Alleine dadurch, dass du dich mit deinem Stress auseinandersetzt, erkennst du frühzeitig, wie es darum bestellt ist. So läufst du auch nicht so einfach in Gefahr, überarbeitet, mega gestresst oder sogar Burnout gefährdet zu werden.

KÖNNEN GEFÜHLE
STRESSEN?

O
H JA, GEFÜHLE KÖNNEN uns ganz gut stressen. Dafür müssen wir nur an unsere Pubertät denken. Wie fertig waren wir, wenn wir unglücklich verliebt waren oder wenn sich wieder einmal die ganze Welt gegen uns verschworen hatte. Frauen wissen es ganz genau. Wenn die Hormone verrücktspielen, die Emotionen am überkochen sind, das stresst enorm. Jegliche überschwänglichen Gefühlsregungen können enormen Stress erzeugen.

Bei diesem Thema spricht man auch gerne von emotionaler Überforderung. Das hat gar nichts mit einem übermäßig anstrengenden Arbeitspensum zu tun. Du kannst an gefühlsmäßigem Stress leiden, auch wenn du den einfachsten und schönsten Job der Welt hast. Wenn auf der Gefühlsebene etwas nicht stimmt, dann kann es deine Welt ebenfalls ganz ordentlich aus den Angeln heben.

Gerade Menschen, die besonders empathisch und gefühlsbetont sind, leiden darunter besonders heftig. Wenn du eine Freundin hast, die immer besonders hart oder kalt ist, wenn du gemobbt wirst oder wenn du ständig das fünfte Rad am Wagen bist, so kann das emotionalen Stress erzeugen. Viele sind emotional gestresst, wenn sie sich zu sehr mit dem Leid auf unserer Welt befassen. Wenn sie Bettler oder Obdachlose sehen, sind sie dem Weinen nahe und können dieses Bild auch nicht mehr aus dem Kopf bekommen.

Ich hatte einmal Besuch von einer Freundin aus Deutschland hier in Thailand. Sie hatte die ersten Tage nur geweint, weil sie das Leben in einem so fremden Land emotional total überfordert hatte. Ich dachte schon daran, sie nach vier Tagen wieder nach Hause zu schicken. Wir bekamen dann aber durch einige Gesprächstherapien alles noch sehr gut hin und es wurden dann entspannte drei Wochen. Und ein Jahr später kam sie dann sogar wieder. Und sie war emotional auf das gefasst, was sie hier erwartete.

Sie heulte wegen den vielen Straßenhunden und Straßenkatzen, wegen der Bettler, der Kinder, die barfuß nachts bettelten, wegen der Menschen, die in Wellblechhütten wohnen, und wegen der Frau, die unter der Brücke schlief. Natürlich ist es nicht schön, die Armut oder das Leid anderer zu sehen. Nur, du alleine kannst nicht das Leid aller Menschen heilen. Du kannst Gutes tun und deinen Beitrag leisten. Jedoch musst du dich auch damit abfinden, dass es schwarz und weiß, arm und reich, schön und hässlich gibt.

Wenn du emotional so sensibel bist, kannst du auch nicht als Arzt, Krankenschwester oder Pflegekraft arbeiten. Dich würden die Schmerzen und Krankheiten der Menschen selbst umbringen. Ich könnte nicht meine Arbeit mit den Straßenhunden machen, wenn ich jeden Tag unter dem Leid der Tiere zusammenbrechen würde. Es gehört eine gewisse emotionale Stärke dazu, damit dich dieser Stress nicht kaputt macht.

Empathie ist wichtig, doch darfst du nie den schmalen Grat überschreiten, der zur emotionalen Überforderung führt. Hier hilft dir das Thema Achtsamkeit sehr gut. Damit nimmst du zwar den Moment auf, erkennst ihn, gibst deine Gefühle dafür ab, bewertest jedoch nicht und nimmst es auch nicht mit in die Zukunft.

Das ist vielleicht so jetzt schwer zu verstehen und ich versuche es wieder einmal mit einer Geschichte aus meinem Leben. Ich helfe liebend gerne Straßenhunden, füttere sie, verarzte sie, nehme auch welche auf und vermittle sie in ein gutes Zuhause. Dabei treffe ich oft auf wirklich arme Kreaturen: Hunde, die von Mange (Einer Hautkrankheit) zerlumpt sind, die Geschwüre haben, die stinken wie die Pest oder die voll von Zecken und Ungeziefer sind. Es gibt Tiere, bei denen man nicht nur die Rippen, sondern jeden einzelnen Knochen zählen kann.

Mein Mann und ich wir machen uns also zweimal oder dreimal pro Woche auf, kochen Unmengen an Reis mit Gemüse und Fleisch und füttern diese Tiere. Im Gepäck immer Desinfektionsmittel, Krallenzange, Pinzette und Medizin. Ich gebe den Tieren Anti-Parasiten-Mittel, Antibiotika, wenn nötig, und entwurme sie. Ich setze mich hin und zupfe stundenlang Ungeziefer von den Viechern. Und natürlich könnte mir da jedes Mal das Heulen kommen. Es würde aber weder mir noch den Tieren etwas bringen.

So tu ich mein Bestes, versuche zu helfen, wo es nur geht und lasse aber diese schrecklichen Bilder dort, wo sie sind. Ich kann nicht jeden Hund mit nach Hause schleppen und ich kann auch nicht jeden Hund retten. Wenn ich den emotionalen Stress zu sehr an mich heranlassen würde, dann würde ich vielleicht zusammenbrechen und könnte in Zukunft nicht mehr helfen. Dadurch würde es mir schlecht gehen und den Tieren noch mehr. So aber gebe ich, was geht, und freue mich, dass ich ein bisschen Sonne in deren Leben bringen kann. Ich denke aber nicht nächtelang an die leidenden Hunde. Ich freue mich jedes Mal, wenn es einem Tier wieder besser geht, wenn eine Wunde verheilt. Ich verarzte und pflege, nehme aber die Bilder nicht mit nach Hause.

Beziehungsstress haben wir bereits in drei Kapiteln behandelt, der natürlich viel mit Gefühlen zu tun hat. Sowohl in Partnerschaften als auch in Familien und Freundschaften verursachen die Gefühle Stress. Liebe, Hass, Wut, Enttäuschung und vieles mehr machen uns oft das Leben schwer. Jeder zwischenmenschliche Konflikt löst Gefühle und somit Stress aus.

Ein weiterer Punkt, der emotionalen Stress auslösen kann, ist die Service-Orientiertheit. Wer in Dienstleistungs-Branchen tätig ist, der kennt sicher den Spruch: „Der Kunde ist König." Heutzutage wird dies oft von sehr vielen unangenehmen Zeitgenossen missbraucht, welche das Servicepersonal wie den sprichwörtlichen letzten Dreck behandeln. Auch das kann enormen emotionalen Stress auslösen. Ich werde ein extra Kapitel für einige Berufsgruppen einbauen, wie diese mit ihrem spezifischen Stress am besten umgehen können.

Hier noch eine kleine Notiz am Rande: Wenn du jemanden neu kennenlernst, gehe mit ihm essen oder einkaufen. An der Art, wie diese Person das Servicepersonal behandelt, kannst du sehr viel über den Charakter dieses Menschen erfahren.

Auch traumatische Erlebnisse können emotionalen Stress auslösen. Bei all diesen Punkten ist es wichtig, dass du diesen emotionalen Stress erkennst. In all diesen Fällen ist es wichtig, dass du an dir arbeitest, den Stress nicht mit dir mitschleppst und Achtsamkeit übst. Es gibt Dinge, die du nicht ändern kannst. Das bedeutet nicht, dass sie dir egal sein sollen. Sie dürfen jedoch auch nicht deine Seele zerstören.

Zusammenfassung:

Um emotionale Überforderung und den dadurch entstehenden Stress zu vermeiden, kannst du nur darauf achten, dass du eine ideale Balance zwischen Nähe und Distanz findest. Du kannst empathisch sein und gerne helfen, darfst jedoch dabei nie dich selbst vergessen. Du solltest dich auch nie zu euphorisch in Gefühle hineinsteigern. Gerade bei Arbeiten, die dich auf emotionaler Ebene fordern, sind Pausen, Meditation und Achtsamkeitsübungen extrem wichtig. Bei emotionalem Stress in der Beziehung oder mit Kollegen am Arbeitsplatz ist unbedingt das direkte Gespräch angesagt. Sag, dass es dich verletzt, und gib ruhig zu, dass du durch das Verhalten extrem gestresst wirst. Wenn du so offen und ehrlich bist, dann wird dies dein Gegenüber verblüffen. Und meist ist dann auch mit dem Mobbing Ruhe.

SETZE DICH NICHT
SELBST UNTER DRUCK

DRUCK BEDEUTET IMMER STRESS. Wenn wir am Arbeitsplatz unter Druck gesetzt werden oder wenn dich der Partner oder die Freunde unter Druck setzen, dann ist das immer unangenehm. Doch noch viel schlimmer ist es, wenn du dich selbst unter Druck setzt. Das bedeutet nämlich, dass du dir selbst nicht genug bist. Das kann von alten Mustern herrühren und die haben wir schon besprochen. Wenn du diese alten Muster lösen willst, musst du dir neue Muster suchen. Es hilft auch, in Gedanken an den Original-schauplatz zurückzugehen und dort die Situation aufzuklären. Auch hier hilft es, wenn du zum Beispiel dein inneres Kind bestärkst und aufbaust.

Wenn du dich selbst immer unter Druck setzt, kann es daher kommen, dass du dich immer zu sehr mit anderen vergleichst. Doch das hast du nicht notwendig. Du bist ein-zigartig und hast deine eigenen Vorzüge. Du musst nicht so schnell laufen können wie deine Mitschüler. Du musst nicht so toll backen können wie deine Nachbarin. Und du brauchst dich auch nicht bemühen, mit derselben sexy Stimme wie die Kollegin sämtliche Anrufe zu beantworten. Damit setzt du dich nur selbst unter Druck und das bedeutet Stress.

Auch solltest du immer du selbst bleiben und dich nicht verstellen oder verändern wollen. Niemand will einen Fake oder eine Fälschung. So wie du bist, so bist du absolut in

Ordnung. Stell dich vor den Spiegel und sage dir das auch immer wieder. Sei liebevoll zu dir selbst und lächle dich an. Sag es dir mit netten und zärtlichen Worten. Mach dir Komplimente und das immer wieder. Es muss in Fleisch und Blut übergehen, dass du so, wie du bist, perfekt bist.

Hast du es nicht auch schon öfter beobachtet, dass, wenn du dich selbst unter Druck setzt, der Schuss nach hinten losgeht? Das kann bedeuten, dass du deshalb vielleicht dein Tagespensum zwar nicht schaffst, doch das ist akzeptabel. Wenn du dich selbst unter Druck setzt, dann wirst du schusselig, unkonzentriert und deine Arbeit kannst du nur mehr schlampig und halbherzig erledigen. Du bekommst eine Hektik und wirst nachlässig. Wenn du bemerkst, dass du dich selbst unter Druck setzt, halte inne. Gehe einen Schritt zurück und schalte einen Gang herunter. Am nächsten Tag wird dafür wieder alles wie von selbst gehen und alles wie am Schnürchen klappen.

Ich habe dir doch von der Arbeitseinteilung und dem Selbstmanagement erzählt. Das ist auch sehr wichtig. Doch Ausnahmen bestätigen die Regel. Es gibt Tage, an denen einfach nichts klappen will. Und das solltest du ebenfalls akzeptieren. Es kann dein persönlicher Freitag der 13. sein oder dein verkappter Montagmorgen. Wenn du merkst, dass einfach der Wurm drinnen ist, dann setze dich nicht unter Druck. Solange du am nächsten Tag wieder mit alter Frische an die Arbeit schreitest, ist doch alles in Ordnung. Dafür hast du ja auch bei deinem Selbstmanagement die Pufferzonen eingebaut. Nun siehst du, welchen wichtigen Zweck diese erfüllen. Natürlich sollte das nicht zu oft vorkommen. Nutze diese nur, wenn du wirklich eine Blockade hast, und nicht, weil sich gerade der innere Schweinehund eingeschlichen hat.

„Das schaffe ich nie" solltest du ebenfalls konsequent aus deinem Wortschatz streichen. Ersetze es durch ein „Ich werde von Tag zu Tag besser und besser" und mache dies zu deinem neuen Mantra. „Ich muss noch schnell, ich sollte eigentlich…" Dies sind auch Sätze und Gedanken, die du vermeiden kannst. Wenn du ein ordentliches Selbstmanagement hast, dann musst du gar nichts schnell einschieben und solltest auf keinen Fall nicht noch zusätzliche Aufgaben übernehmen.

Denke immer daran, dass du gar nichts tun musst. Du bist in der glücklichen Lage, zur Arbeit gehen zu dürfen. Du kannst deinen Garten mähen, weil du zu den glücklichen Menschen gehörst, die einen besitzen. Du musst deine Garage nicht aufräumen, aus Angst, dass deine Nachbarn über dich reden könnten. Denn wenn diese über dich tratschen wollen, finden sie schon etwas anderes.

Niemand steht mit der Pistole vor dir, hält sie dir an die Brust und zwingt dich zu irgendetwas. Du denkst, du musst etwas machen, um andere nicht zu enttäuschen. Du setzt dich unter Druck, um ein gutes Bild abzugeben. Jedoch in Wirklichkeit musst du das alles nicht. Setze dich hin und denke darüber nach. Was musst du wirklich? Ja, sicher du benötigst Geld und solltest deshalb zur Arbeit gehen. Wenn es jedoch eine Qual für dich ist, jeden Tag um 5 Uhr aufzustehen, dann suche dir bitte einen anderen Job. Du musst nicht bis zu deinem Lebensende durchhalten und dich Tag für Tag quälen.

Du kannst dein Müssen auch in ein Wollen umändern. Wenn du normalerweise denkst: „Ich muss jetzt kochen gehen", dann denke von nun an: „Ich möchte jetzt gerne kochen gehen." „Ich will arbeiten gehen, weil mir meine Arbeit Spaß macht" ist für deine Psyche besser als ein „Ich muss schon wieder arbeiten gehen". Auch wenn es im Endergebnis scheinbar keinen Unterschied macht, so macht es auf jeden Fall mental einen großen Unterschied. Du glaubst es nicht? Dann versuche es einfach. Streiche einfach das Müssen durch ein Wollen oder Dürfen oder Können. Mach dies konsequent und verbessere dich selbst. Du wirst sehen: Fast automatisch verschwindet auch der Druck, weil sich deine Einstellung ändert.

Zusammenfassung:

Du musst gar nichts. Du musst atmen, um zu leben, aber damit hat es sich auch schon. Und sogar das ist ein Glück und du bist in der glücklichen Lage, atmen zu können. Du musst niemandem einen Gefallen tun und du musst auch nicht so toll, schön, schlank, erfolgreich oder intelligent wie dein Nachbar sein. Du bist du und das ist genau, wie es sein soll.

Denke auch immer an die Konsequenzen, wenn du etwas nicht tust. Denkst du, du musst dies heute noch erledigen? Was wäre, wenn du es einfach nicht machst? Wären die Konsequenzen so schlimm? Ersetze das Müssen durch ein Wollen. Du musst nicht arbeiten gehen, sondern du willst, weil du dir die schöne Wohnung leisten möchtest. Du musst nicht bügeln, sondern du willst es, weil du nicht schlampig und zerknittert zur Arbeit oder zur Verabredung gehen willst. Es ist immer eine reine Einstellungssache. Und genau diese Einstellung ist es meist, die uns unter Druck setzt.

Vielleicht setzt du dich auch selbst unter Druck, weil du unbedingt einen neuen Partner kennenlernen willst oder weil du 10 kg abnehmen möchtest. Denk aber genau nach. Willst du es wirklich so dringend oder würdest du es nur bevorzugen, etwas leichter zu sein und einen Partner an der Seite zu haben? Bist du nicht genau, so wie es jetzt ist, auch glücklich? Denk einfach darüber nach und halte dir immer vor Augen, dass du so, wie du bist, perfekt bist.

STRESSBEWÄLTIGUNG – GELASSENHEIT UND ACHTSAMKEIT

NUN KOMMEN WIR ZU einigen Übungen, die sich hervorragend eignen, Stress zu bewältigen. Es sind Übungen, die dich zur Ruhe bringen und bei denen du so richtig herunterkommen kannst. Die wichtigsten Werkzeuge für ein stressfreies Leben sind Gelassenheit und Achtsamkeit.

Gelassenheit bedeutet innere Ruhe zu finden. Gelassenheit ist Gleichmut, sollte aber nie mit Gleichgültigkeit verwechselt werden. Gelassenheit ist das Heilmittel gegen Anspannung und Stress. Doch wie kann man gelassen sein, wenn man sich gerade enorm über etwas aufregt? Es gibt aber tatsächlich einige Tipps und Tricks, wie du Gelassenheit lernen kannst.

Nimm nun dein Tagebuch zur Hand und schreib die Dinge auf, die dich enorm aufregen. Tag für Tag und immer wieder. Nun denk nach, rückwirkend, ob sich die Aufregung wirklich gelohnt hat. Es sind häufig die klitzekleinen Dinge, die uns immer wieder zum Wahnsinn treiben, unseren Blutdruck in die Höhe treiben und den Herzschlag beschleunigen.

Heute zum Beispiel hat es wieder jemand geschafft, mich durch gemeine, hinterhältige und wirklich bösartige Postings auf Facebook zur Weißglut zu treiben. Anstatt, wie sonst, einfach darüber hinwegzusehen, habe ich mich natürlich hineingesteigert, geantwortet, wieder geantwortet und es hat sich hochgeschaukelt. Ich habe sofort gespürt, wie sich mein Herz beschleunigt, und da begann ich nachzudenken, innezuhalten und verabschiedete mich freundlich, aber bestimmt. Es hat keinen Sinn, sich über jemanden aufzuregen, wenn du genau weißt, derjenige möchte dich nur provozieren, dich verletzen und benötigt dich, um sich abzureagieren, weil er selbst vielleicht einen schlimmen Tag hatte. In der Regel reagiere ich auf solche Meldungen mit einem Lächeln, einem Smiley und rege mich nicht auf. Heute aber bin auch ich wieder einmal in die Falle getappt und hab es im ersten Moment nicht geschafft, gelassen zu bleiben.

Sehr gut helfen dir dabei Entspannungstechniken. Zu diesen – Meditation, Atemübungen und Yoga – kommen wir in den nächsten Kapiteln. Generell merkst du es, wenn du beginnst, dich aufzuregen. Dein Herz beginnt wie wild zu klopfen und vielleicht wird dir auch heiß, du bekommst rote Wangen oder Flecken am Hals und fängst zu schwitzen oder auch zu zittern an. In diesem Moment solltest du sofort reagieren. Halte inne und bringe dich selbst zur Ruhe. Denk sofort daran, dass es diese Situation nicht wert ist, dass du dich darüber aufregst. Das ist mir dann heute in der Situation Gott sei Dank gelungen, bevor die Situation außer Kontrolle geraten ist. Sobald du innehältst und dich darauf konzentrierst, verfliegt auch meist der Impuls auszuflippen und deine Wut oder dein Ärger legen sich. Im Zweifelsfall musst du etwas länger innehalten. Du kannst dabei auch gerne bis 10, 20 oder meinetwegen auch bis 100 zählen.

Übe immer wieder das Gelassen-bleiben. Das gelingt bei Kleinigkeiten besser. Wenn du jedoch täglich in belanglosen Situationen übst, dann fällt es dir später bei großen Dingen ebenfalls leichter. Sag dir einfach immer wieder vor, dass es nichts bringt, sich aufzuregen. Aufregung verschlimmert meist jede Situation, während Gelassenheit jede Situation verbessert. Egal ob es der Stau, die lange rote Ampelphase, das trotzige Kind, die lästernde Kollegin, der zänkische Freund oder der unfolgsame Hund ist: Atme tief durch und bleibe gelassen. Verwende das Mantra: „Ich bin ruhig, gelassen und absolut ausgeglichen – es macht mir absolut nichts aus."

Wenn du eine Aufregung abwenden konntest und gelassen geblieben bist, belohne dich dafür mit einer kurzen Verschnaufpause. Halte fünf Minuten inne, schließe die Augen und atme. Strecke dich, schüttle dich und schüttle so die letzte Anspannung von deinem Körper ab, die vielleicht zurückgeblieben ist. Du kannst auch einen Jauchzer loslassen oder laut lachen vor Freude, dass du ruhig geblieben bist. Auch kannst du dir vorstellen, wie du die Aufregung lauthals auslachst, weil du ihr nicht in die Falle getappt bist.

Versuche, auch ruhig zu bleiben, wenn jemand deine Grenzen überschritten hat. Weise denjenigen ruhig in seine Schranken. Wenn du bemerkst, dass jemand gefährlich nahe an deinen Zaun kommt und es bereits gefährlich in dir kribbelt, dann schreite ein. Sag, dass es dir zu weit geht und dass du nun deinen Abstand benötigst.

Damit du gelassen bleiben kannst, musst du auch an deiner Wahrnehmung arbeiten. Gerade in der Aufregung erscheint alles doppelt so schlimm und die ganze Welt ist furchtbar. Aus einem Abstand betrachtet, ist jedoch die Situation vielleicht nicht mehr ganz so furchtbar. Interpretiere nichts in eine Situation hinein. Oft, wenn du einen schlechten Tag hast, und den haben wir alle, fühlst du dich vielleicht bedroht, wenn dich nur jemand komisch ansieht, oder du denkst, es tuschelt jemand über dich. Meist ist es aber so, dass du es eben falsch interpretierst, weil du ohnehin schon auf dem Weg in Richtung 180 Puls bist. Betrachte alles aus einer Distanz und frage dich, ob die Reaktion und die Handlungen der anderen wirklich etwas mit dir zu tun haben und rege dich nicht im Vorfeld künstlich darüber auf.

Um gelassener zu sein, ist es auch wichtig, dass du körperlich ausgelastet bist. Sport, tanzen, spazieren oder einfach einen Ausgleich zur Arbeit benötigst du, damit du gelassener auf alles reagieren kannst. Als ich so krank war, konnte ich eine Zeit lang weder Sport treiben noch spazieren gehen oder auch nur eine Kleinigkeit selber machen. Ich konnte keinerlei Hausarbeit verrichten und hatte schon Mühe, abends in den zweiten Stock ins Schlafzimmer zu gelangen. Da bemerkte ich sehr stark, wie ich auch mit der Zeit immer leichter reizbar wurde. Ab dem Tag, an dem ich für Bewegung wieder fit genug war, war auch meine alte Gelassenheit wieder zurück.

Über deine Sorgen und Ängste zu sprechen, hilft ebenfalls. Sprich mit Freunden oder deinem Partner über Dinge, die dich aufregen, oder über Ängste, die dich aus der Ruhe bringen. Vermeide auch Situationen oder Orte, die dich stressen. Wenn du weißt, ein gewisser Supermarkt macht dich regelmäßig nervös, dann gehe dort nicht mehr hin. Das hört sich jetzt vielleicht komisch an, aber beobachte dich einmal selbst. Stresst dich regelmäßig die Verkäuferin im Discounter, dann suche dir ein anderes Geschäft. Ich habe einen Supermarkt, den ich nicht mehr besuche, weil ich dort regelmäßig nervös werde. Ich weiß nicht warum, vielleicht ist es die Aura dort, aber es ist so. Daher meide ich diesen Ort. Es kann auch ein Restaurant sein oder ein anderer Platz. Vielleicht gibt es auch einen Ort, an dem es regelmäßig zum Streit mit deinem Partner kommt. Das kann ein sogenannter Trigger-Platz sein. Also meide ihn.

Mach dir klar, dass du meist nicht der Auslöser oder der Grund für Boshaftigkeiten anderer Menschen bist. Das Verhalten anderer Menschen hat nichts mit dir zu tun. Ärgere dich deshalb auch nicht. Es sagt nichts über dich aus, sondern über andere. Du hast dir nichts vorzuwerfen und hast auch nichts falsch gemacht. Reagiere gelassen, denk einfach: Dein Gegenüber hat einen schlechten Tag und lächle milde und gütig.

Zudem solltest du dich konsequent für Gelassenheit entscheiden. „Ich bin gelassen" ist dein Mantra. Immer – von heute an. Du kannst dir das auch ganz gut angewöhnen und zu deiner Eigenschaft machen.

Achtsamkeit ist, wenn man so sagen kann, das zweitwichtigste Werkzeug für Gelassenheit. Achtsamkeit ist die Kunst, die Gelassenheit im Kopf zu generieren. Dadurch senkst du automatisch deinen Stresslevel.

Achtsamkeit bedeutet, dass du wieder dazu zurückkehrst, jeden Moment bewusst zu erleben. Meist funktionieren wir mechanisch und automatisiert. Wir stehen auf, greifen zur Zahnbürste, drücken auf den Knopf der Kaffeemaschine, greifen blind in den Kühlschrank, schmieren ein Brot und essen auch das mechanisch. Oft wissen wir auch nicht mehr genau, was und ob wir etwas getan haben, weil eben alles automatisch abgeht.

Sicher ist es dir auch schon oft so ergangen, dass du dir nicht mehr sicher warst, ob du das Licht ausgeschaltet oder den Herd abgedreht hast. Wenn du es kontrollierst, hast du es natürlich gemacht, aber eben automatisch. Achtsamkeit bedeutet, auf all die kleinen Sachen wieder mehr Aufmerksamkeit zu lenken.

Achtsamkeit bedeutet, den Moment bewusst zu erleben, ihn jedoch nicht zu bewerten. Mach dir keine Gedanken, wie es nun dazu gekommen ist oder welche Konsequenzen es haben wird. Genieße einfach den Augenblick und lebe im Jetzt und Hier.

Setze dich auf eine Parkbank und betrachte alles, was rund um dich passiert. Nimm jedes Geräusch auf, jede Bewegung, jeden Menschen, jedes Tier, die Pflanzen und die Gerüche. Spüre die Temperaturen und lass alles auf dich wirken, aber beurteile es nicht. Nimm es als so hin, wie es ist. Mach dir auch dazu keine Gedanken, denk an nichts anderes, nur an diese Dinge, die du im Moment siehst, spürst und erlebst. Wenn deine Gedanken abwandern, führe dich wieder zu deinem Jetzt und Hier zurück. Dadurch kannst du vom Grübeln und vom Kreisdenken weggelangen. Denk an nichts anderes und genieße nur den Moment, den du jetzt erlebst. Überlege nicht, was sein wird und was war.

Zusammenfassung:

Durch Achtsamkeit lernst du wieder, den Moment zu erleben, zu genießen und zu schätzen. Du kommst von der Grübelei weg und verscheuchst damit lästige Gedanken und Probleme. Du lebst nur im Jetzt und Hier. Dadurch, dass du nur erlebst und dir auch keine Gedanken über die Vergangenheit oder die Zukunft machst, entlastest du dein Gehirn. Du kannst endlich abschalten und auch deinen Stress hinter dir lassen.

Du erweiterst durch Achtsamkeit auch dein Bewusstsein und lernst, besser in dich hineinzuhören. Achtsamkeit ist ganz einfach. Die Gegend beobachten oder dich auch nur ragen, was du gerade denkst, fühlst oder machst. Analysiere nichts, sondern bemerke nur den tatsächlichen Ist-Zustand. Bewerte nichts und denke an nichts anderes als an das Jetzt und Hier.

Erlebe den Moment und sei weder positiv noch negativ. Wenn du gerade eine unangenehme Situation hast, höre in dich hinein, wie du dich fühlst. Sei aber nicht ungeduldig mit dir oder ärgerlich dich nicht über dich selbst. Nimm nur deine Gefühlsregungen wahr. Und nimm sie als gegeben hin. Auch Gefühle wie Scham oder Angst haben hier nichts verloren. Der Moment ist, wie er ist. Dadurch wirst du unendlich ruhig und kannst so richtig auf den Boden der Realität zurückfinden.

Für mich sind Achtsamkeitsübungen besonders toll, wenn ich wieder einmal mit dem Taxi im Stau stecke. Ich weiß nicht, ob du Bangkok kennst, aber hier kann der Verkehr höllisch sein. Laut Angaben vieler Menschen. Mir kommt er nie höllisch vor, weil mich der Stau nicht kratzt. Ich setze mich ins Taxi und, wenn wir im Stau stehen, beobachte ich die Autos neben uns, die Gegend oder ich höre einfach die Musik im Radio. Ich denke nicht verzweifelt, ob ich nun verspätet zum Termin komme. Ich mache mir auch über sonst nichts Gedanken, sondern erlebe nur, was gerade rund um mich passiert. Dadurch vergeht die Zeit wie im Flug, es wird nicht langweilig und ich senke meinen Stresslevel. Witzigerweise kommt mir durch diese Achtsamkeitsübungen der Stau oft wie 10 Minuten vor, auch wenn er eine Stunde oder länger dauert.

MEDITATION

MEDITATION IST EBENFALLS EIN unverzichtba-
res Werkzeug, wenn du ruhiger werden willst und
deinen Stresslevel reduzieren möchtest. Meditation ist gut
für unsere Gesundheit und für so viele andere Bereiche in
unserem Leben. Ich versuche mehrmals pro Woche, einige
Meditationen in meinen Tagesablauf einzubauen.

Meditation hilft dir auch bei der Selbstreflektion. Du gehst
dabei in dich und findest zu dir. Sie hilft dir, deine innere Kraft
aufzubauen und deinen Geist zu reinigen. Es gibt unzählige Arten von Meditationen. Einige einfache Übungen für
Einsteiger möchte ich dir nun vorstellen. Du kannst diese
jederzeit durchführen. Wichtig ist bei jeder Meditation nur,
dass du dir einen ruhigen Ort suchst und für diese Zeit alle
Ablenkungen wie Telefon, Radio, Fernseher und Computer
abdrehst. Auch solltest du es dir gemütlich machen. Das heißt,
zieh dir eine komfortable Kleidung an. Du sollst frei und ohne
einschnürenden Bund atmen können. Wenn du im Büro in
der Mittagspause eine Kurzmeditation durchführst, schließe
deine Bürotür und öffne auch ruhig den Hosenknopf.

Für die Körpermeditation solltest du dir etwa 15 Minuten
Zeit nehmen. Setze dich bequem hin. Im Schneidersitz auf den
Boden oder auch auf einen Stuhl. Du kannst diese Meditation
auch abends im Bett vor dem Einschlafen oder morgens vor
dem Aufstehen durchführen.

Schließe die Augen und konzentriere dich auf deinen Körper. Wie fühlst du dich gerade? Liegst oder sitzt du gut? Sitzt du aufrecht? Bist du angespannt? Wie sieht es mit der Atmung aus? Atmest du tief in deinen Bauch hinein? Spürst du beim Einatmen, wie sich der Bauch hebt und wie er sich beim Ausatmen wieder senkt? Wie fühlt sich der Untergrund an, auf dem du sitzt oder liegst? Wie fühlt sich deine Kleidung auf der Haut an? Ist dir warm oder kalt? Hast du irgendwo Schmerzen? Sind deine Füße schwer und müde oder kribbelt es irgendwo? Screene nun deinen gesamten Körper von deinen Zehen bis zur Körperspitze und analysiere, wie sich jedes einzelne Körperteil anfühlt. Zum Abschluss atme ganz tief ein, strecke dich durch, öffne die Augen, stehe auf und strecke dich noch einmal ordentlich.

Für die stille Meditation setzt du dich am besten in den Lotus- oder Schneidersitz auf den Boden. Sitzen ist deshalb so wichtig, da du bei dieser Meditation auch leicht einschlafen kannst, weil du alles richtig herunterfährst. Nimm eine aufrechte Sitzhaltung ein. Es ist wichtig, dass du den Rücken gerade hältst, denn nur so kann deine Atmung perfekt zirkulieren. Atme nun einige Male tief ein und verfolge deine Atemzüge durch deinen Körper. Konzentriere dich nur darauf. Lasse nun deine Atmung langsamer und flacher werden. Konzentriere dich nun nur auf die Stille rund um dich herum. Das ist das Einzige, das du bemerken darfst. Keine anderen Gedanken sollen aufkommen. Keine Ängste, keine Sorgen, Wünsche oder Hoffnungen oder Erwartungen kommen auf. Wandern deine Gedanken ab, dann führe dich sanft wieder zur Stille zurück. Führe diese Meditation anfangs etwa 15 Minuten durch. Es reicht absolut, denn zu Beginn ist es gar nicht so einfach. Und bevor du zappelig wirst, versuche, die Meditation kurz zu halten. Später kannst du diese Meditation beliebig lange durchführen. Beende die Meditation wieder damit, indem du langsam die Augen öffnest, dich streckst, aufstehst und dich noch einmal ordentlich durchstreckst.

Die 5-Minuten-Meditation für die Sinne eignet sich sowohl für den Abend, um abzuschalten, als auch für die Mittagspause, um rasch wieder Energie zu tanken. Sie ist auch toll, wenn du einen wichtigen Termin hast und du so deine Sinne schärfen möchtest. Dafür stellst du dich aufrecht hin und schließt die Augen. Nun schaltest du für 30 Sekunden ab und versuchst, an rein gar nichts zu denken. Für die nächsten 30 Sekunden öffnest du deine Augen zu einem kleinen Schlitz. Durch diesen Schlitz fixierst du ein Ding in deiner Nähe ganz intensiv. Danach schließt du wieder die Augen und denkst 30 Sekunden lang nichts. Die nächsten 30 Sekunden konzentrierst du dich nur auf die Geräusche in deiner Nähe und versuchst, bewusst zu hören. Danach wird für 30 Sekunden wieder an nichts gedacht. Für die nächsten 30 Sekunden konzentrierst du dich auf deinen Geruchssinn und nimmst alle Düfte in deiner Umgebung bewusst wahr. Die nächsten 30 Sekunden denkst du wieder an nichts. Die nächsten 30 Sekunden sind deinem Geschmackssinn gewidmet. Analysiere den Eigengeschmack im Mund. Hast du noch Reste eines Bonbons im Mund, hast du gerade Zähne geputzt, gegessen oder schmeckt dein Speichel eisenhaltig? Die nächsten 30 Sekunden denkst du wieder an rein gar nichts. Für die nächsten 30 Sekunden konzentrierst du dich auf deinen Tastsinn. Taste mit der linken Hand die rechte Hand ab. Wie fühlt sie sich an? Heiß oder kalt, weich oder schuppig rau? Danach denkst du abschließend wieder 30 Sekunden an nichts. Danach öffnest du die Augen, streckst dich durch und solltest dich erfrischt, fit und auf jeden Fall sehr entspannt fühlen.

Für die Liebesmeditation solltest du dir etwas mehr Zeit nehmen. Nimm eine bequeme Haltung ein. Ich selbst lege mich dafür gerne hin oder setze mich im Lotussitz auf meine Meditationsbank ins Freie. Schließe die Augen und konzentriere dich auf dein Herz. Spüre, wie es voll Liebe ist. Nun lass deinen ganzen Körper von Liebe erfüllt sein. Schicke dir selbst einen riesen Strauß Liebe und fühle, wie diese Selbstliebe dich glücklich macht. Danach schickst du in Gedanken diese Liebe an eine geliebte Person. Stell dir vor, wie du diese Liebe von deinem Herzen an das Herz deines Partners, an das Herz deiner Mama oder an das Herz deiner besten Freundin schickst. Nun schickst du diese Liebe auf dieselbe Weise an eine andere Person. Das kann eine Arbeitskollegin sein, die Nachbarin, eine flüchtige Bekannte oder jemand anderen, von dem du denkst, er könnte etwas mehr Liebe in seinem Leben benötigen. Danach schickst du diese Liebe an einen sogenannten Feind. Es gibt sicher irgendjemanden, den du gerade nicht so magst. Vielleicht hattest du gerade einen Streit oder du ärgerst dich permanent über den mürrischen Nachbarn. Schicke dieser Person nun deine ganze Liebe. Im nächsten Schritt schickst du die Liebe an die ganze Welt und ans Universum. Fühle, wie deine Liebe um die Welt zieht und alle Menschen wärmt und glücklich macht. Schicke die Liebe ans Universum, damit diese später wieder zu dir zurückkommen kann. Danach öffnest du die Augen, streckst dich durch, stehst auf und streckst dich erneut durch.

Zusammenfassung:

Meditationen tun dir, deinem Körper, dem Geist und der Seele gut. Du kannst damit abschalten und deinen Stresslevel reduzieren. Es gibt Kurzmeditationen fürs Büro und Meditationen, die du für eine Stunde oder länger durchführen kannst. Beginne aber immer mit maximal 15 Minuten, bis du dich ans Meditieren gewöhnt hast. Sei nicht ungeduldig, wenn du es nicht schaffst, abzuschalten. Führe dich immer wieder sanft und liebevoll zurück ans Nichts-denken. Sei nicht böse auf dich, wenn es nicht auf Anhieb klappt. Beim nächsten Mal wird es bestimmt besser klappen.

ATEMÜBUNGEN

DIE ATMUNG IST EXTREM wichtig, um ruhig zu
bleiben. Du kannst dich mit der Atmung wunderbar selbst beruhigen. Du kannst auch einen Selbstversuch
starten. Wer mich kennt, der weiß, ich liebe so kleine Selbstversuche. Einfach deshalb, weil du dadurch vieles vielleicht
besser verstehst. Versuche, nun ganz flach und schnell nur
in die Brust zu atmen. Spiele praktisch eine hektische Situation nach. Schnell wird dein Herz zu klopfen beginnen und
du suggerierst deinem Gehirn eine stressige Situation. Du
wirst merken, wie du plötzlich unruhig, fahrig und nervös
wirst. Nun schalte um und atme tief in deinen Bauch hinein.
Lege deine Hände auf deinen Bauch. Beim Einatmen soll sich
der Bauch merklich anheben und nach außen wölben. Beim
Ausatmen senkt sich der Bauch wieder. Schon nach wenigen
Atemzügen merkst du, wie du wieder deutlich ruhiger wirst.
Du siehst dadurch: Alleine mit der Atmung können wir enorm
viel steuern.

Bei allen Atemübungen ist es wichtig, dass du eine tiefe
Bauchatmung verwendest und immer aufrecht stehst oder
sitzt. Der Atem soll frei fließen können. Sitzt du abgeknickt,
dann kann der Atem nicht fließen, verzwickt sich und die
Atemübungen sind viel weniger effektiv.

Für die Nasenatmung atmest du durch die Nase ein und
durch den Mund wieder aus. Beim Einatmen zählst du bis
vier und beim Ausatmen zählst du bis acht. Atme etwa drei
bis vier Mal über die Nase ein und über den Mund wieder

aus. Danach atmest du bewusst für fünf Minuten über die Nase ein und über die Nase wieder aus. Dabei konzentrierst du dich rein auf deine Atmung und denkst an nichts anderes. Spüre, wie dein Bauch beim Einatmen groß wird und sich beim Ausatmen wieder zurückzieht. Du versorgst dein Gehirn so mit viel frischem Sauerstoff und du tankst so neue Energie. Dies ist eine tolle Atemübung für die Mittagspause oder dafür, wenn du einfach zwischendurch einen kleinen Kick benötigst.

Für die nächste Atemübung benötigst du ebenfalls nur etwa fünf Minuten Zeit. Stell dich dazu am besten aufrecht hin und schließe die Augen. Atme nun tief durch die Nase ein und durch den Mund wieder aus. Verfolge deinen Atem. Wo geht er hin, wenn er durch deine Nase strömt? Welche Muskeln spannst du dabei an? Spürst du, wie sich dein Bauch hebt und senkt? Bewegt sich ein Muskel im Rücken oder in der Brust? Lege deine Hände auf diese Stelle und spüre dadurch alles noch intensiver. Öffne nach fünf Minuten wieder die Augen, strecke dich durch und fühle dich viel ruhiger. Diese Atemübung ist toll, wenn du zu einem wichtigen Termin musst, angespannt bist oder du zum Beispiel Lampenfieber verarbeiten möchtest.

Ebenfalls eine sehr meditative Atmung ist die sogenannte Mondatmung. Sie wirkt sehr beruhigend und harmonisierend. Dafür setzt oder stellst du dich aufrecht hin und schließt die Augen. Nun nimmst du deine rechte Hand und legst den Daumen an deinen rechten Nasenflügel und den Zeigefinger an den linken Nasenflügel. Beim Einatmen hältst du dir nun den rechten Nasenflügel zu und beim Ausatmen hältst du dir den linken Nasenflügel zu. Danach atmest du rechts ein und links aus. Atme so etwa fünf Minuten und konzentriere dich auf nichts als auf deine Atmung.

Wenn du erhitzt bist, entweder, weil du dich gerade über-
anstrengt hast, weil du dich aufgeregt hast oder weil es einfach
heiß ist, dann kommt die Sitali-Atmung geradezu passend.
Dies ist eine kühlende Atmung und kühlt Körper und Geist.
Setze dich aufrecht hin und schließe die Augen. Nun rolle
deine Zunge zu einem U ein. Es entsteht eine lange Röhre.
Nun streckst du diese Zungenröhre ein wenig aus dem Mund
hinaus. Im nächsten Schritt atmest du über diese Röhre einige
Minuten tief ein und aus. Danach rollst du deine Zunge ein,
halbierst sie quasi. Es entsteht eine breite Rolle. Nun schiebst
du auch diese Rolle etwas aus dem Mund hinaus und atmest.
Die Lust soll links und rechts der Rolle ein und austreten.
Konzentriere dich auch hier rein auf die Atmung und denke
an nichts anderes.

Zusammenfassung:

Du kannst mithilfe der Atmung deinen Stresslevel senken
und auch deinen Geist wieder aktivieren. Du kannst damit
deinen Körper kühlen und einen kurzen Kick holen, damit du
wieder mit mehr Energie weiter arbeiten kannst. Die Atmung
harmonisiert deinen Körper und deinen Geist und alles
kommt wieder in Einklang. Im Ayurveda werden Atemübungen Pranayama genannt. Das bedeutet übersetzt Kontrolle der
Lebensenergie. Und genau dies ist unsere Atmung. Du kannst
damit deine eigene Energie kontrollieren und steuern. Atemübungen sind toll, wenn du meditierst oder Yogaübungen
machst. Sie helfen dir abends besser einschlafen zu können
und schenken dir am Morgen viel Energie, damit du gut in
den Tag starten kannst.

YOGA

YOGA SIND KLEINE ÜBUNGEN, die eine meditative Wirkung haben und deine Chakren, Energiezentren und auch deine ayurvedischen Doshas stimulieren und harmonisieren. Zudem lockert Yoga deine Muskeln und stärkt sie zugleich. Du kannst mit Yoga ganz gezielt Schmerzen, wie zum Beispiel Kopfschmerzen oder Rückenschmerzen, loswerden. Zudem hilft dir Yoga, Stress zu reduzieren und deine innere Mitte zu finden. Yoga ist harmonisierend und entspannend. Zudem wirst du mit Yoga auch beweglicher und es macht unheimlich Spaß. Vielleicht denkst du bei Yoga an komplizierte Verrenkungen – und ja, die gibt es natürlich auch. Doch es gibt auch viele einfache Übungen für Beginner, die du ganz einfach nachmachen kannst, egal ob du sportlich bist oder nicht. Lass dich auch nicht aus der Ruhe bringen und sei nicht ungeduldig, wenn es nicht gleich auf Anhieb klappt. Von Mal zu Mal wirst du gelenkiger.

Für den Anfang solltest du etwa zweimal pro Woche üben. Später kannst du Yoga auch durchaus öfter praktizieren oder einfach zwischendurch eine kleine Übung einlegen. Wichtig ist aber, dass du dich am Anfang nicht überforderst, einfach, damit du den Spaß daran nicht verlierst.

Achte beim Yoga immer darauf, dass du bequem angezogen bist. Es darf dich nichts einengen oder zwicken. Du benötigst nur eine weiche Unterlage, eine Yogamatte oder eine Decke. Der Raum sollte gut durchlüftet sein, optimal ist, wenn du bei offenem Fenster oder am besten im Freien

Yoga praktizieren kannst. Du kannst auch für eine stimmige Atmosphäre sorgen. Ob nette Musik, Räucherstäbchen, Duftlampen, Kerzenschein oder Salzlampen – mach es dir einfach harmonisch und schön.

Ich verrate dir hier einige meiner liebsten, einfachen Übungen. Natürlich werden dir diese bald zu wenig werden. Du kannst dir zu diesem Thema aber schnell auf YouTube tolle Videos suchen. Auch auf meiner Autorenseite auf Facebook stelle ich immer wieder neue Asanas, wie die Yogaübungen genannt werden, vor. Auch habe ich schon ganz fest ein neues Yoga-Buch geplant. Wann dieses auf dem Markt erscheinen wird, erfährst du ebenfalls rechtzeitig auf meiner Autorenseite.

Die einfachste Übung ist der Berg. Dies ist eine Art Grundhaltung und wird auch als Tadasana bezeichnet. Dazu stellst du dich aufrecht hin. Du kannst die Füße eng aneinanderstellen oder sie hüftbreit auseinanderstellen. Wichtig ist, dass die ganzen Sohlen am Boden aufliegen und du einen stabilen Stand hast. Stell dir vor, dass du deine Zehen extra lang machst. Die Kniegelenke werden etwas angehoben und deine Beckenmuskulatur wird angespannt, indem du dein Schambein leicht nach oben drückst. Das Schlüsselbein machst du lang und der Oberkörper wird weit. Strecke dich vom Nabel aufwärts gegen den Himmel und vom Nabel abwärts sollst du die Verbindung mit der Erde spüren. Deine Augen sind entspannt und dein Atem versorgt den gesamten Körper. Die Schultern sind locker und du darfst nicht verkrampfen.

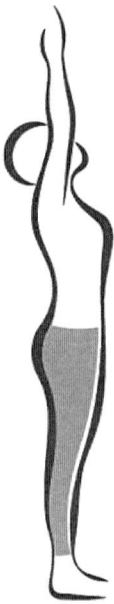

Die stehende Vorbeuge wird auch Adho Uttanasana genannt. Diese Yogaübung steht fürs Loslassen und ist deshalb perfekt gegen Stress geeignet. Nimm dafür die Bergstellung ein und lasse jedoch die Knie ein kleines bisschen gebeugt. Dann beuge dich kopfüber vor. Lasse die Arme und die Beine hängen und spüre die Schwerkraft.

Für die Rückbeuge oder Schulterbrücke, das Setu Badha Sarvangarsana, legst du dich auf den Boden. Du winkelst nun die Beine an und stellst die Fußsohlen unter deinen Knien ab. Du drückst nun den Oberkörper hoch, sodass eine schiefe Ebene entsteht. Die Arme liegen links und rechts neben deinem Körper. Der Körper stützt sich auf den Schultern ab und mit den Armen kannst du für ein wenig Balance sorgen.

Achte darauf, dass der Popo oben bleibt und du eine Gerade mit dem Körper erreichst.

Der Schmetterling ist ein sogenannter Hüftöffner und wird auch Baddha Konasana genannt. Du setzt dich dafür aufrecht auf den Boden und streckst die Beine gerade aus. Nun beugst du die Knie, lässt diese nach außen klappen und legst deine Fußsohlen aneinander. Nun ziehst du deine Fersen so weit zu deinem Körper, wie es nur geht. Umklammere dabei ruhig deine Fesseln. Richte dich mit dem Oberkörper aufrecht auf und lasse die Knie den Boden berühren. Nun klappe mit dem Oberkörper nach vorne. Strecke die Arme nach vorne aus und lege den Kopf vor deinen Beinen am Boden, auf einem Kissen oder einem Yoga-Klotz ab.

Yin Yoga ist eine entspannende Hocke. Dazu gehst du in die Bergstellung. Danach öffnest du die Beine weiter zu einer leichten Grätsche. Nun hockst du dich nach rückwärts und führst dabei deine Arme vor deinen Oberkörper. Du hockst so tief wie möglich. Dein Popo soll sich zwischen deinen geöffneten Beinen befinden. Der Oberkörper bleibt dabei aufrecht. Den Blick hast du nach vorne gerichtet. Verweile einige Zeit in der Hocke, atme tief und regelmäßig und versuche, die Balance zu halten.

Für den Frosch, eine tolle Entspannungsübung, gehst du in den knienden Vierfüßler-Stand. Das rechte Bein winkelst du ab und bringst es abgewinkelt seitwärts nach vorne. Das Knie des rechten Beins soll auf der Höhe deiner Schulter sein. Dein linkes Bein streckst leicht abgewinkelt nach hinten. Der Oberkörper liegt vorne auf deinen vor dem Körper verschränkten Armen ab. Deine Hüften und die Oberschenkel bis zu den Knien sollen eine Linie bilden. Die Ellenbogen sollen mit den Schultern eine Linie bilden. Dieses Asana soll dich wunderbar entspannen.

Die Katze ist eine tolle Dehnübung. Dazu gehst du wieder auf deine Matte oder Decke in den knienden Vierfüßler-Stand. Die Knie sollen sich auf der Höhe der Hüften befinden und die Hände befinden sich unter deinen Schultern. Nun atmest du tief ein. Wenn du wieder ausatmest, wölbst du deinen Rücken nach oben und machst einen sogenannten Katzenbuckel. Dein Kinn ziehst du dabei bis zur Brust an.

Die gegenteilige Übung ist die Kuh. Dafür gehst du beim Einatmen ins Hohlkreuz und lässt praktisch deinen Bauch tief nach unten hängen. Diese beiden Übungen solltest du immer abwechselnd machen. Bei der Kuh richtest du den Blick nach vorne und reckst das Kinn etwas nach oben.

Eine Yogaübung, die du wahrscheinlich vom Namen her kennst, ist der herabschauende Hund. Dafür stellst du dich aufrecht in die Bergstellung. Danach lässt du dich etwas nach vorne kippen und stehst hauptsächlich auf den Ballen. Du stützt dich nun vorne am Boden ab und die Handflächen liegen am Boden auf. Die Arme sind durchgestreckt, der Kopf hängt und die Beine sind ebenfalls durchgestreckt. Der Hinterteil ist der höchste Punkt dieser Übung.

Für die Kobra legst du dich auf deine Matte oder die Decke mit dem Bauch auf den Boden. Nun führst du die Arme nach vorne und streckst sie aus. Du hebst nun den gesamten Oberkörper an und siehst den Himmel. Gleichzeitig hebst du auch deine gestreckten Beine an und biegst sie in einem leichten Bogen ebenfalls nach oben. Du liegst praktisch nur mit deiner Hüfte und deinem angespannten Unterbauch am Boden auf. Diese Übung ist sehr gut, wenn du an Rückenschmerzen leidest. Es heißt: Wer diese Übung jeden Tag durchführt, der leidet bald nicht mehr an Rückenschmerzen. Wenn mein Rücken nach einem langen Tag schmerzt, so mache ich stets diese Übung und sie entlastet tatsächlich sehr.

Der Lotussitz ist ebenfalls eine bekannte Übung. Du kannst sie auch zur Meditation verwenden. Dazu gehst du in den normalen Schneidersitz auf den Boden. Dann nimmst du den rechten Fuß und legst ihn auf den linken Oberschenkel. Nun nimmst du den linken Fuß und hebst ihn über den rechten Fuß und legst ihn am rechten Oberschenkel ab. Versuche, entspannt und locker zu sein. Du kannst dich auch langsam vorantasten und zuerst nur einen Fuß am Oberschenkel aufliegen lassen.

Zusammenfassung:

Versuche, deine Yogaübungen immer konzentriert und langsam durchzuführen. Mache immer langsame und kontrollierte Bewegungen. Es darf ruhig etwas ziehen und du musst natürlich eine Dehnung spüren, es darf aber nicht schmerzen. Achte dabei immer auf eine gleichmäßige Bauchatmung. Deine Core Muskeln am Bauch, Rücken und an den Seiten sollten bei den Yogaübungen stets aktiviert sein. Strenge dich nicht zu sehr an und vergiss nie, dass Yoga entspannend sein sollte. Das bedeutet, dass du dich auf keinen Fall ärgern darfst, wenn dir eine Übung nicht auf Anhieb gelingt. Irgendwann klappt es garantiert, wenn du fleißig am Ball bleibst. Übe regelmäßig und baue Yoga fix in deine Wochenroutine ein. Suche dir anfangs vielleicht drei oder vier Übungen aus, die du ständig wiederholst und die du perfektionieren solltest.

ANTI-STRESS-TECHNIKEN FÜR VERSCHIEDENE BERUFSGRUPPEN

V ERSCHIEDENE BERUFSGRUPPEN HABEN UNTER-SCHIEDLICHE Stresssituationen und benötigen auch eine andere Technik, um mit dem Stress umzugehen. Sie müssen einen differenzierten Zugang zu ihrem Stress finden und diesen dann auflösen. Ich habe nun einige gängige Berufsgruppen angeführt bei welchen ich aus persönlicher Erfahrung sprechen kann. Bei Lehrer kommen auch Kindergärtner und Erzieher dazu. Manager sind alle, die im höheren Management arbeiten, egal ob es sich jetzt um einen Ladenmanager oder einen Bankmanager handelt. Suche dir einfach deine Berufsgruppe, zu der du angehörst, und versuche, diese Tipps zur Stressbewältigung umzusetzen. Die verschiedenen Stressarten resultieren auch daraus, da manche Berufsgruppen eher einem psychischen Stress und andere eher einem körperlichen Stress ausgesetzt sind. Auch müssen Zeitansprüche mit bedacht werden und auch die Tatsache, ob die Berufsgruppe während der Arbeit vorwiegend sitzt, steht, die Zeit im Büro oder im Freien verbringt. Wichtig ist, dass du diese kleinen Übungen in deine tägliche Routine einbaust. Nur so sind diese Übungen auch wirklich wirksam.

Lehrer

Lehrer, Erzieher, Kindergärtner, Tagesmütter und Co. leiden meist unter einem großen psychischen Stress. Sie übernehmen täglich eine große Verantwortung für ihre Schützlinge und müssen mit Problemen mit den Kindern, den Eltern und den Arbeitgebern jonglieren. Auch wenn immer gelacht wird, dass diese Berufsgruppe doch jedes Jahr so lange Ferien haben würde, gerade Lehrer sind in den letzten Jahren massiv Burnout gefährdet geworden. Bei Lehrern ist es auch so, dass sie Tag für Tag vor einer großen Gruppe sprechen müssen. Daher ist für diese Berufsgruppe vor allem die sogenannte Stimmhygiene so wichtig.

Diese Berufsgruppe sollte abends immer eine meditative Lockerungsübung mit Stimmübungen absolvieren. Dazu nimmst du eine bequeme Körperhaltung ein, am besten ist das Stehen in der Yogastellung Berg. Strecke dich, gähne dabei und klopfe deine Brust ab. Schüttle kräftig deine Arme, Beine, das Becken und den Rumpf aus. Du kannst dabei richtig abshaken und dazu auch gute Musik auflegen, dann macht das Ganze noch mehr Spaß. Konzentriere dich nun auf deine Verbindung zur Erde und strecke den Oberkörper leicht nach oben. Pendel nun ganz sachte hin und her, um dich auszubalancieren. Drücke die Schultern nach unten, mach den Brustkorb weit, achte auf eine gerade Wirbelsäule und halte auch den Kopf aufrecht.

Als Atemübung machst du nun die sogenannte Affentrommel. Du klopfst den Brustkorb ab und singst oder sprichst mehrere Male AEIOU. Atme nun durch die Nase ein, presse die Lippen sanft aufeinander und atme über den Mund aus. Es soll richtig vibrieren auf den Lippen. Auch diese Atmung wiederholst du einige Male. Spiele im Anschluss Dampflok und fauche und pfauche wie eine alte Lok. Beende die Übung mit einem Pfeifen. Etwa zehn Mal solltest du einen Pfiff und eine Atmung im Wechsel machen. Danach streckst du dich ein weiteres Mal ordentlich und schüttelst dich noch einmal durch.

Manager

Manager stehen den ganzen Tag unter Hochspannung und haben meist eine große Verantwortung für enorme Geldbeträge. Dies löst einen enormen psychischen Druck und Stress aus. Manager verlieren häufig schnell die Verbindung zu sich selbst und zur Welt. Sie verdienen meist sehr gut und vergessen dabei häufig Demut.

Für Manager wäre es enorm wichtig, ein Dankbarkeitstagebuch zu schreiben. Gerade wenn du alles hast und alles erreichen konntest, dann nimmst du schnell auch alles als selbstverständlich hin. Daher ist es wichtig, dass du dir einmal pro Tag bewusst wirst, dass dem eben nicht so ist und dass du für alles dankbar sein solltest. Setze dich jeden Abend fünf Minuten hin und schreibe einige Sätze auf. Notiere, wofür du heute dankbar bist. Anfangs kann dies ziemlich schwierig sein, doch nach einigen Tagen wird es dir merklich leichter fallen. Sei dankbar für dein Personal, auf das du dich immer bedingungslos verlassen kannst, für deinen Partner, der dir tagtäglich den Rücken stärkt, für den Job, der dir das tolle Leben ermöglicht. Für deine Gesundheit, die dir ermöglicht, so hart zu arbeiten.

Stell dich in Bergstellung auf, schließe die Augen und spüre ganz stark die Verbindung mit der Erde. Stelle dir vor, wie dir nun aus den Fußsohlen Wurzeln wachsen. Spüre, wie die Wurzeln immer größer werden. Sie wachsen nahezu rund um die Welt. Über diese Wurzeln nimmst du nun die Energie auf, die du während des Tages verloren hast. Spüre, wie du wieder auftankst und wie sich deine Speicher wieder füllen. Nach einigen Minuten spürst du, wie sich die Wurzeln wieder zurückziehen. Bedanke dich nun bei der Erde und dem Universum. Atme einige Male tief in deinen Bauch ein und wieder aus, strecke dich, öffne die Augen und fühle dich wieder gestärkt.

Führungskräfte

Führungskräfte haben meist eine große personelle und auch finanzielle Verantwortung. Sie müssen vor allem über eine hohe emotionale Intelligenz verfügen. Daher sind sämtliche Achtsamkeitsübungen für Führungskräfte perfekt. Zudem ist es wichtig, auch wenn du eine Führungskraft bist, dass auch du deine Pausen während der Arbeit einhältst. Du sagst jetzt vielleicht, du musst als gutes Beispiel vorangehen und durcharbeiten. Nein, dann wärst du ein schlechtes Beispiel, denn Pausen sind wichtig, um danach wieder die volle Leistung bringen zu können. Denke jeden Tag daran und ermuntere auch deine Mitarbeiter, immer wieder fünf Minuten einzulegen, in denen sie neue Energie tanken.

Sport ist ebenfalls eine wichtige Entspannungstechnik für Führungskräfte. Versuche, wenigstens zweimal pro Woche zum Sport zu gehen. Du kannst auch zu Hause den Heimtrainer, das Laufband oder den Crosstrainer benutzen. Auch kannst du dir im Internet Trainingsprogramme suchen oder mit Yoga beginnen. Perfekt wäre es, wenn du zweimal pro Woche an der frischen Luft joggen gehen könntest.

Eine wichtige Entspannungsübung für Führungskräfte ist die Lach-Yoga-Meditation. Diese solltest du jeden Tag für fünf Minuten durchziehen.

Diese sorgt für gute Laune, vertreibt deine Sorgen und Anspannung und stärkt auch deine emotionale Intelligenz. Zudem ist es so, dass gerade Führungskräfte in der Regel viel zu wenig lachen, da sie am Arbeitsplatz immer das souveräne Vorbild mimen müssen.

Stell dich dazu in Bergstellung vor den Spiegel. Baue eine Verbindung mit der Erde auf und richte den Oberkörper in Richtung Himmel aus. Danach blickst du dich an und beginnst von Herzen zu lachen. Stell dir einen Timer oder eine Eieruhr und lache nun unbedingt fünf Minuten nonstop. Du kannst dich ausschütten vor Lachen. Grinse, brülle, pruste und kichere – beobachte dich dabei. Es dürfen Tränen fließen und du kannst dir den Bauch halten vor Lachen. Danach schüttle deinen ganzen Körper aus, strecke dich durch und du wirst merken, du fühlst dich wirklich besser. Nimm dir jeden Tag für ein paar Minuten Zeit dafür. Dieser kleine Aufwand zeigt schon bald eine große Wirkung.

Unternehmer und Selbständige

Diese Berufsgruppe hat eine enorme Verantwortung für sich selbst. Wird weniger gearbeitet, so sieht es auch auf dem Konto eher schlechter aus. Daher sind gerade Selbständige sehr häufig enorm überarbeitet. Auch hier ist es wichtig, dass eine kurze, aber wirkungsvolle Form der Entspannung gefunden wird.

Unternehmer haben auch meist zu wenig Bewegung und nehmen sich auch nicht die Zeit dafür. Kaufe dir einen Sitzball und du kannst nun jeden Tag zehn Minuten lang eine dynamische Meditation darauf absolvieren. Setzte dich aufrecht auf den Ball, stelle die Beine am Boden ab und balanciere dich aus. Hopse nun leicht auf und ab. Denke dabei an nichts und denke nur an das Auf und das Ab und verfolge, wie dein Atem gleichmäßig ist und tief geht. Nach etwa fünf Minuten stoppst du das Hopsen und drehst nun auf dem Ball deine Hüften. So entlastest du deine Wirbelsäule. Auch hier denkst du wieder an nichts Anderes, sondern verfolgst mit deinen Gedanken nur die kreisenden Bewegungen. Mach dies wirklich täglich und du wirst sehen, wie sich dein körperlicher und auch dein mentaler Stress in Luft aufzulösen scheint. Wichtig ist, dass du während dieser Zeit auch wirklich an nichts denkst, sondern meditativ abschaltest.

Networker

Networker sind eine ziemlich neue und gestresste Berufs-gruppe. Häufig sind diese in den verschiedensten Ländern unterwegs und ständig auf „Dienstreise". Hier ist vor allem der psychische Druck enorm und es wird zu viel, zu lange und zu hart gearbeitet, zu wenig geschlafen und zu ungesund und unregelmäßig gegessen.

Networker benötigen - neben einer gesünderen Ernährung und einem flexiblen Sportprogramm - auch kurze und wirk-same Entspannungsübungen. Ich plane in naher Zukunft ein Handbuch für Networker, in welchem es um Themen wie Entspannung, Ernährung und Motivation geht. Du erfährst dies als Erster auf meiner Autorenseite auf Facebook, wenn es so weit ist.

Networker benötigen immer viel Disziplin, ein großes Selbstbewusstsein und Entspannung zugleich. Hier eignen sich vor allem Mantras hervorragend. „Ich riskiere und ich siege" oder „Ich bin stark, entspannt und absolut ausgegli-chen" sind Mantras, die du dir morgens, mittags und abends mehrere Male vorsagen sollst. Auch hier ist es wichtig, dass du dies zu deiner Routine machst.

Jumping Jacks, Box Kicks und Squats mit Kicks sind Workout-Übungen, die perfekt für Networker geeignet sind. Diese kannst du abends auch in jedem Hotelzimmer durchführen. Plane täglich mindestens 15 Minuten ein, die du auch konsequent durchziehst. Ebenfalls solltest du mindestens zwei Tassen Kaffee pro Tag gegen grünen Tee austauschen. Hier würde sich Matcha-Tee am besten eignen. Auch dies hilft dir, dein Stresslevel zu senken und deine Gesundheit zu stärken.

Polizisten und Beamte

Diese Berufsgruppe hat meist mit Kundenverkehr zu tun und muss täglich auf viele unterschiedliche Charaktere eingehen. Abends ist es wichtig, dass du so richtig herunterkommst. Setze dich hin und beginne eine simple, stille Meditation. Versuche einfach täglich 10 Minuten komplett abzuschalten und an nichts zu denken. Zieh dich dazu zurück und fahre deine Gedanken herunter.

Ärzte, Krankenschwestern und Pflegepersonal

Diese Berufsgruppe hat täglich mit viel Leid zu tun. Wichtig ist hier, dass du die Arbeit mental nicht mit nach Hause nimmst. Zu Hause solltest du daher eine schöne Meditation an deinen Traumort durchführen. Eine Fantasiereise ist für diese Berufsgruppe die vielleicht beste Entspannungsmethode. Setze dich oder lege dich gemütlich hin und schließe die Augen. Reise nun in Gedanken an den Ort deiner Träume. Dort ist alles schön, gesund und wunderbar. Es kann der Strand sein, die einsame Hütte oder das Bergdorf. Spüre, rieche und schmecke alles dort. Beobachte die Schmetterlinge, höre das Wasser plätschern und fühle, wie dort deine Seele geheilt wird.

Büroangestellte

Diese Berufsgruppe benötigt für die Stressbewältigung einen dynamischen Ausgleich, da sie meist stundenlang sitzt. Es eignen sich alle Yogaübungen ganz ausgezeichnet. Ebenfalls toll ist eine dynamische Meditation. Dazu legst du dich auf den Boden und konzentrierst dich für einige Minuten nur auf deine Atmung. Lege die Hände auf den Bauch und spüre, wie sich der Bauch beim Einatmen stark hebt und beim Ausatmen wieder senkt. Dann öffne die Augen und stehe auf. Für fünf Minuten tanzt du nun, springst, schüttelst dich, singst und lachst. Danach legst du dich wieder hin oder setzt dich aufrecht hin und beendest die Übung mit einer stillen Meditation.

Verkäufer und Menschen im Vertrieb

Diese Berufsgruppe hat täglich mit Menschen zu tun. Sie müssen oft mit schwierigen Charakteren umgehen. Neben einem starken Selbstbewusstsein und einer hohen emotionalen Intelligenz ist vor allem soziale Kompetenz absolut gefragt. Doch wie entspannt man sich nach einem anstrengenden Tag im Verkauf oder Vertrieb?

Autogenes Training ist hier eine sehr geeignete Methode. Suche dir einen ruhigen Ort und setze dich aufrecht hin. Achte auf deine Atmung und schließe die Augen. Nun reist du an einen Ort, an dem die absolute Ruhe herrscht. Dort ist Frieden und Harmonie zu Hause. Ich denke dabei immer an das Lied Blue Bayou und sehe ein kleines Knusperhaus am Fluss im Wald. Dort hörst du Gelächter von Kindern und siehst glückliche Menschen tanzen und singen. Du kannst dir auch vorstellen, wie du in einer Hängematte am Strand liegst oder auf einer riesigen Schaukel schaukelst. Tauche täglich mindestens 15 Minuten an diesen Ort ab.

Paketboten

Paketboten sind den ganzen Tag auf den Füßen und haben auch häufig mit unangenehmen Menschen zu tun. Sie müssen körperlich schwer arbeiten und oft Kisten und Pakete mit großem Gewicht schleppen.

Leg dich zur Entspannung abends ins Bett oder in die Badewanne. Schließe die Augen. Konzentriere dich nun auf jedes einzelne Körperteil. Beginne bei deinen Füßen und spüre, wie der Schmerz abfällt. Fühle, wie die Beine wieder leicht werden und wie sich die Krämpfe der schweren Last von deinen Armen und Schultern lösen. Gehe deinen ganzen Körper durch und entspanne so jeden einzelnen Körperteil. Zuletzt konzentrierst du dich auf dein Herz und lässt es von Liebe erfüllt sein. So vergisst du, wenn heute wieder jemand sehr unhöflich war. Denkst du immer noch an den Kunden, der dich grundlos beleidigt hat, dann schicke ihm nun durch das Universum besonders viel Liebe. So heilst du deine Seele, füllst dein Karma-Konto auf und tust diesem Menschen noch etwas Gutes, der offensichtlich ein Manko hat. Gleichzeitig entspannst du dabei.

Digital Nomads

Hierbei handelt es sich um eine neue Berufsgruppe der Freiberufler. Man arbeitet von allen Plätzen der Welt. Ob Blogger, Instagrammer oder Fotografen: Die Welt ist ihr Zuhause und es wird immer vom Computer oder Laptop aus von unterwegs gearbeitet. Hier ist sehr viel Disziplin notwendig, damit auch Geld in die Kasse kommt. Dadurch kommt es auch häufig zu Stress und zu Existenzängsten.

Für digitale Nomaden eignet sich am besten eine Chakra-Meditation. Nimm eine bequeme Körperhaltung ein und schließe die Augen. Konzentriere dich nun auf deine einzelnen Chakren. Beginne mit deinem Wurzelchakra und nehme wahr, wie es rot leuchtet. Stell dir dein Sakralchakra vor, lege die Hand darauf und sieh, wie es orange leuchtet. Gehe weiter zum Solarplexus und lasse ihn in strahlendem Gelb leuchten. Lege die Hand auf dein Herzchakra und stelle dir vor, wie das Grün ausstrahlt. Weiter geht es zum Halschakra, welches sich in einem leuchtenden Blau zeigt. Das dritte Auge strahlt in einem kräftigen Indigo und abschließend konzentrierst du dich auf dein Kronenchakra, welches violette Strahlen aussendet.

Hausfrauen

Hausfrauen haben es oft besonders schwer, weil ihr Job nicht als stressig angesehen wird. Doch genau der Haushalt und die Familie sind oft genauso stressig wie ein anspruchsvoller Job als Manager.

Nimm dir daher jeden Tag zweimal 10 Minuten Zeit, um zu entspannen. Am besten einmal vormittags und einmal abends, wenn alle anderen im Bett sind und du absolute Ruhe hast. Zieh dich zurück, schließe die Augen und atme einfach. Du sollst dabei an nichts denken und dich nur auf die Atmung konzentrieren. Schiebe alle anderen Gedanken immer wieder weg. Denke nicht an Windeln und unbezahlte Rechnungen. Packe die Gedanken einfach weg und atme nur tief ein und wieder aus.

Danach öffnest du die Augen und richtest dich auf. Strecke die Arme in die Höhe und stell dir vor, wie du nun eine warme und angenehme Energiedusche erhältst. Fühle dich wie Goldmarie, die nun von allem Guten überschüttet wird. Sei auch hier konsequent und nehme dir täglich für diese zwei kurzen Einheiten genügend Zeit.

DEN CHARAKTER STÄRKEN

EIN STARKER CHARAKTER IST wichtig für dein Selbstbewusstsein. Stimmt dein Selbstbewusstsein, dann lässt
du dich nicht mehr so schnell stressen. Positive Eigenschaften
und ein starker, positiver Charakter sind auch wichtig, damit
du gut bei anderen ankommst. Du bekommst eine positive
Ausstrahlung und erhältst das sogenannte Charisma.

Positive Eigenschaften sind Züge wie Mut, Einfühlungs-
vermögen, Loyalität, Integrität und Nächstenliebe. Wenn du
deinen Charakter stärkst, arbeitest du an deinen positiven
Eigenschaften und verwandelst dich dadurch in einen besseren Menschen. Für dieses Kapitel wirst du wieder einige
Male dein Tagebuch oder Notizbuch benötigen.

Beginnen wir gleich damit, dass du deine positiven Eigenschaften notierst. Sei dir bewusst, dass dir deine positiven
Eigenschaften dabei helfen, mitfühlend, nachsichtig, ausgeglichen und beherrscht zu sein. Du kannst dadurch mit
anderen respektvoll umgehen und ihnen mit Liebe und Tole-
ranz begegnen.

Sieh dir nun deine Charakterstärken an und überlege,
welche dir dabei helfen, frei nach deinen Wünschen zu leben.
Welche helfen dir dabei, auch mit Rückschlägen fertig zu
werden. Welche helfen dir dabei, auch zu deinen eigenen
Fehlern zu stehen und welche unterstützen dich dabei, deine
Ziele zu erreichen. Nun schreibe die Eigenschaften auf, die
dir dazu fehlen.

Um deinen Charakter zu stärken, solltest du lernen, mehr Mitgefühl zu zeigen. Hilf deiner Nachbarin, die Einkaufstüten in den vierten Stock zu tragen. Tröste deine Kollegin, wenn sie gerade eine kräftige Abmahnung vom Boss erhalten hat. Steh deiner Freundin bei, wenn sie Liebeskummer hat. Hilf jemandem, dem gerade auf der Straße die Tüte gerissen ist und biete älteren oder Gebrechlichen deinen Platz in der U-Bahn an. Du findest jeden Tag genügend Möglichkeiten, dich in Mitgefühl zu üben.

Höre auf, pessimistisch zu sein und versuche, auch nicht zu euphorisch auf Kleinigkeiten zu reagieren. Versuche immer, die Kontrolle über deine Emotionen zu haben. Dein Charakter wird auch dadurch gestärkt, dass du dich stets wie ein Anführer fühlst und auch so handelst. Das bedeutet, du hältst ständig die Zügel in den Händen. Du setzt die Segel und bestimmst, wohin das Boot steuert.

Halte dich bei sämtlichen Süchten zurück und versuche dich immer zu mäßigen. Egal ob es um Alkohol, Medikamente, Drogen, Zigaretten, Süßigkeiten, generell um zu viel Essen, übermäßigen Sport oder um alle anderen Dinge geht, die du exzessiv ausüben könntest. Halte dich bei allem im Zaum und unter Kontrolle. Es ist ein Zeichen von Stärke, wenn du Selbstkontrolle hast.

Sei jeden Tag stolz auf dich und deine Charaktereigenschaften. Auch wenn du noch einige Charaktereigenschaften erreichen oder stärken musst, sei stolz darauf, was du bis jetzt erreicht hast. Sei mutig und gehe auch immer wieder Risiken ein. Du solltest dennoch die Risiken kalkulieren. Investiere nicht nur aus Mut zum Risiko, wenn du gleichzeitig genau weißt, dass du dabei verlierst. Das wäre nicht mutig, sondern dumm.

Gehe Kompromisse ein, aber lass dir nicht den Willen anderer aufzwängen. Steh zu deinen Entscheidungen und gehe deinen Weg. Verliere nie dein Ziel aus den Augen, aber sei flexibel genug, um auch über Umwege ans Ziel zu kommen.

Um deinen Charakter zu stärken, vermeide das Böse. Das Böse klingt nun etwas sehr brutal und überzogen, doch damit sind Dinge und Handlungen gemeint, die uns relativ leicht von der Hand gehen. Lästern zum Beispiel oder lügen sind die rechte Hand des Bösen. Lass dich nicht dazu verleiten und distanziere dich von Leuten, die immer nur über andere herziehen. Bleibe immer ehrlich und sei auch ehrlich zu dir selbst. Nichts kann mehr verletzen als eine Lüge. Du kannst zwar jemandem im ersten Moment mit einer Lüge Gutes tun oder ihm schmeicheln, kommt derjenige jedoch später hinter deine Lüge, so sind der Schmerz und die Enttäuschung doppelt so groß.

Ein starker Charakter zeigt sich auch darin, wie du mit deinen finanziellen Ressourcen umgehst. Du solltest hier niemals geizig, aber auch nicht verschwenderisch sein. Wirf nicht mit deinem Geld umher, auch wenn du es dir leisten könntest. Protze nicht mit dem, was du besitzt. Sei aber auch nicht geizig und gib, wenn du kannst. Sei großzügig zu deinen Freunden, wenn du es dir leisten kannst.

Übe dich auch in Gelassenheit, um deinen Charakter zu stärken. Es ist ein wunderbarer Kreislauf. Wenn du gelassen bist, wird dein Charakter gestärkt und du bist automatisch auch viel weniger gestresst. Es geht alles Hand in Hand.

Zusammenfassung:

Achte auf deinen Charakter. Stärke deine positiven Eigenschaften und versuche, dich von deinen negativen Eigenschaften zu distanzieren. Bemühe dich Tag für Tag ein guter Mensch zu sein. Gehe mitfühlend mit deinem Mitmenschen um, sei warmherzig, demütig und dankbar.

DER SPORTLICHE AUSGLEICH

W IR WISSEN NATÜRLICH, DASS Sport gesund ist
und dass wir uns immer mehr bewegen sollen. Doch
es ist tatsächlich so, dass Sport enorm gut gegen Stress wirkt.
Wenn du es schaffst, regelmäßig Sport zu betreiben, senkt
sich dein Stresslevel automatisch. Es würde reichen, wenn du
zweimal pro Woche zu Fuß oder mit dem Fahrrad zur Arbeit
gelangst oder nach der Arbeit eine Runde im Park drehst.

Dies ist jedoch keine Erfindung der Sportindustrie oder
von Sportfanatikern. Es lässt sich auch wissenschaftlich
erklären und beweisen. Durch sportliche Betätigung und
Bewegung im Allgemeinen produzierst du die Hormone
Endorphin und Serotonin. Diese Hormone dienen dazu,
Stresshormone abzubauen.

Wenn du nun Tag für Tag immer wieder Stresshormone
aufbaust und dich nicht bewegst, so produzierst du diejenigen
Hormone nicht, welche die Stresshormone neutralisieren.
Dadurch stehst du quasi unter Dauerspannung.

Du denkst dir vielleicht, es wäre viel entspannender, wenn
du - nach einem anstrengenden Tag -einfach auf die Couch
plumpst und den Stress wegzuschlafen versuchst. Dies ist
aber ein Irrglaube. Du ruhst dich zwar aus und der Körper
kann sich in gewisser Weise etwas erholen, deine Psyche aber
bleibt gestresst und auch die Stresshormone kreisen weiterhin

in deinem Körper.

Ein weiteres Problem ist, dass durch die vielen Stresshormone im Körper keine Glückshormone und auch keine Schlafhormone produziert werden können. Daher kann es dazu kommen, dass du zwar müde bist, aber nicht wirklich tief schlafen kannst. Zudem kann es sein, dass du dich permanent unwohl und depressiv fühlst.

Gehst du nun laufen oder auch nur spazieren, stellst du dich aufs Laufband oder gehst ins Fitness Center und powerst dich ordentlich aus, so fühlst du dich hinterher viel besser. Auch wenn man denken könnte, du würdest durch den Sport noch müder werden, so tritt das Gegenteil ein. Durch den Sport erzeugst du positive Hormone, die deine Stresshormone neutralisieren.

Dadurch kannst du auch Schlaf- und Glückshormone produzieren und der Körper fühlt sich wohl. Zudem tust du deinem Körper etwas Gutes, überschüssige Kalorien werden abgebaut und du hast auch deine Figur besser im Griff. Sport ist somit für deine körperliche und auch psychische Gesundheit wichtig.

Zusammenfassung:

Sport ist wichtig, damit dein Hormonhaushalt passt. Nur wenn du durch Sport Hormone wie Adrenalin und Endorphine, aber auch Serotonin produzierst, können diese deine Stresshormone neutralisieren. Daher ist es kein Werbegag der Sportindustrie, wenn mit Sport gegen Stress geworben wird. Es lässt sich wissenschaftlich beweisen und den besten Beweis kannst du selbst erleben, wenn du nach einem stressigen Arbeitstag eine Runde im Park drehst oder dich noch eine halbe Stunde auf dein Fahrrad setzt. Auch wenn du dich ausgelaugt fühlst, Sport ist eine Art Superkraft, die dir wieder Energie verleiht. Durch Sport produzierst du deine eigenen Hormone, welche in der Lage sind, deine Stresshormone zu eliminieren. Das ist doch toll, also pack doch gleich deine Sneakers aus und drehe noch eine Runde im Park. Bewegung macht glücklich und Glück ist stärker als Stress.

EINE VERNÜNFTIGE
FREIZEITGESTALTUNG
FINDEN

D U WIRST DIR VIELLEICHT denken, warum du auch noch nach einer Freizeitgestaltung suchen solltest, wenn du doch schon beruflich so eingespannt bist und eigentlich schon gestresst bist. Du hast im vorherigen Kapitel erfahren, wie wichtig Bewegung und Sport sind. Genauso wichtig ist es auch, deinen Geist in Bewegung zu halten. Wenn du nun gestresst von der Arbeit heimkommst und nichts machst, ist dein Geist schnell gelangweilt.

Langweile ist häufig ein Auslöser für psychischen Stress, so komisch und unglaublich es auch klingen mag. Bist du unterfordert, so kann dies ebenso krank machen und genauso Burnout oder Depressionen auslösen. Unterforderung bedeutet, du hast keinen Sinn im Leben gefunden, du wirst für nichts gebraucht und kannst dich auch für nichts begeistern. Das klingt doch traurig und jetzt erkennst du auch sicher die Zusammenhänge.

Wissenschaftlich lässt es sich so erklären, dass durch Langeweile, durch permanente Langeweile wohlgemerkt, ein Dopaminmangel im Körper entstehen kann. Hier ist natürlich von chronischer Langeweile die Rede und du musst nun keine Angst haben, nur weil du dich einmal an einem Abend oder einem Nachmittag langweilst.

Damit es aber nicht zu einer chronischen Langeweile kommt, ist es eben so wichtig, dass du für eine vernünftige Freizeitgestaltung sorgst. Suche dir ein Hobby, das dich ausfüllt und beflügelt. Gerade wenn dein Job vielleicht monoton ist, dann suche dir etwas Kreatives. Ist dein Job sehr aktiv und belastet dich körperlich stark, suche dir ein Hobby, welches diese Belastung ausgleicht. Du kannst zum Beispiel einem Buchclub beitreten, wenn du während deiner Arbeit acht Stunden lang schwere Kisten schleppst und Regale einräumst. Wenn du acht Stunden im Büro sitzt, dann ist vielleicht ein Tanzverein die bessere Wahl.

Musikmachen ist auch immer eine gute Idee und auch Malen, Handarbeiten, Basteln oder andere kreativen Hobbys sind gut, um dich auch geistig zu fördern und zu fordern. Auch in der Arbeit ist es wichtig, dass du dich nicht langweilst. Auch wenn du am Arbeitsplatz unterfordert bist, kann dies genauso stressig sein wie Überforderung. Ist deine Arbeit dauerhaft gähnend langweilig, dann suche dir eine Möglichkeit, wie du diese spannend gestalten kannst. Erkundige dich nach einer zusätzlichen Ausbildung oder nimm dir tatsächlich ein Buch, ein Rätsel oder ein E-Book mit an den Arbeitsplatz. Frage Kollegen, ob du sie unterstützen kannst oder suche dir selbständig eine zusätzliche Beschäftigung.

Wenn du nichts mit dir anzufangen weißt, dann solltest du dir selbst einen Tritt in den Allerwertesten geben. Raffe dich auf. „Ich habe niemandem, mit dem ich etwas unternehmen könnte" – das gilt hier nicht als Ausrede. Du kannst auch wunderbar alleine ein Buch lesen, eine Runde im Park drehen oder meditieren. Du benötigst niemanden, der dich unterhält, wenn du dir selbst genug bist.

Zusammenfassung:

Sowohl am Arbeitsplatz auch am Privatleben kann Langeweile genauso Stress erzeugen, wie zu viel Arbeit und Überforderung. Suche dir am Arbeitsplatz eine zusätzliche Beschäftigung. Im privaten Umfeld solltest du dir ein Hobby zulegen. Am besten eigenen sich hier Hobbys, die deinem Beruf einen Ausgleich verschaffen. Hast du einen körperlich anstrengenden Beruf, suche dir ein ruhiges und ausgleichendes Hobby. Sitzt du während der Arbeit vermehrt, dann brauchst du ein Hobby, das deinen Kreislauf etwas in Schwung bringt. Achte darauf, dass keine chronische Langeweile aufkommt. Durch chronische Langeweile kommt es zu einem Dopaminmangel. Dieser führt zu Stress, Depressionen und kann auch in einem Burnout enden. Du musst jetzt aber keine Angst haben, wenn du dich an einem Tag langweilst, solange du üblicherweise immer gut beschäftigt bist – sowohl körperlich als auch geistig.

WARUM PERFEKTIONISMUS
ZU STRESS FÜHREN KANN

PERFEKTIONISMUS UND STRESS HÄNGEN sehr eng zusammen. Dabei geht es sowohl um Perfektionismus im Berufsleben als auch privat. Ich bin selbst zwar sehr ehrgeizig, jedoch absolut nicht perfektionistisch. Der Unterschied besteht darin, dass man, wenn man ehrgeizig ist, gerne etwas erreichen möchte, jedoch beim Weg dahin sehr flexibel ist.

Ich mag es zu Hause natürlich gerne ordentlich. Ich habe aber kein Problem damit, wenn ich einmal kurzen Prozess machen muss und einen Berg Wäsche nur im begehbaren Schrank verschwinden lasse. Ich liebe es sauber, kann aber gut damit leben, dass meine Hunde sofort nach dem täglichen Wischen wieder Haare verlieren und Sand und Blätter ins Haus tragen. Ich bin nicht der Sklave meiner selbst.

Der Perfektionismus kann sich durch alle Bereiche des Lebens ziehen. Egal ob im Sport, wenn du immer der Beste im Aerobic Kurs sein willst oder am Boden zerstört bist, wenn du nicht jeden Wettkampf gewinnst. Perfektionismus kann bereits in der Schule zur Belastung sein und auch als junge Mutter oder als junger Vater kann dich Perfektionismus fertig machen. Willst du stets, dass dein Kind im optimalen Rahmen wächst, das ideale Gewicht hat und immer dem Alter entsprechend Fortschritte macht? Vergleichst du dich mit anderen Elternteilen, welches Kind bereits mehr kann? Das sind bereits erste Anzeichen für Perfektionismus.

Wenn du immer alles besser, schöner und schneller als andere machen möchtest, so geht dies vielleicht lange gut und du wirst dafür auch sicher von vielen bewundert werden. Meist aber endet es irgendwann im totalen Zusammenbruch, weil man eben nicht auf Dauer alles geben kann.

Eine gesunde Portion Perfektionismus ist ja auch nicht schlecht. Du kannst nur erfolgreich sein, wenn du akkurat arbeitest und zusiehst, dass du gute oder sogar exzellente Leistungen bringst. Gefährlich wird es jedoch dann, wenn du immer noch mehr machen willst und wenn dir nichts mehr gut genug ist. Wenn du bereits der Beste bist, solltest du damit zufrieden sein. Dann achte darauf, dass du deinen Standard hältst, du musst ihn aber nicht noch einmal künstlich erhöhen.

Du sollst auch keine Angst davor haben, Fehler zu machen oder auch einmal auf ganzer Linie zu versagen. Auch das gehört zum Leben dazu. Denkst du denn, dass mir immer alles gelingt? Aber auch daraus mache ich immer noch etwas Wertvolles. Erst letzte Woche wollte ich für ein Essen mit Freunden einen tollen veganen Kuchen backen. Wie üblich halte ich mich nie sonderlich an Rezept und experimentiere gerne. Natürlich ist er nicht wirklich gut durchgebacken geworden, war dafür außen schon steinhart. Ich habe die Rinde abgepult, vegane Schokolade zerlassen, alles mit pürierten Maracujas verknetet, Kugeln daraus geformt und in Nüssen gewälzt. Es waren die besten Schokokugeln, die mein Besuch je gegessen hat. Alle fragten mich, wo ich diese exklusiven Pralinen gekauft hatte. Ich lasse mich einfach durch kleine Fehler oder Missgeschicke nicht umwerfen. Ich habe ein Ziel vor Augen und auf welchem Weg ich dorthin gelange, das ist dann nicht so wichtig. Ich wollte meinem Besuch eine leckere Nachspeise servieren – und das ist mir auch gelungen.

Wenn du zu perfektionistisch bist, dann jagst du von einer Hürde zur nächsten und bist selbst hinter dir mit einer Peitsche her. Das führt unweigerlich zu Stress, auch wenn du es dir nicht eingestehen willst. Du hast Angst, plötzlich nicht mehr alles zu geben. Denn was würden die Leute von dir denken? Ich sag es dir: nichts. Sie sagen vielleicht: „Okay, endlich achtet sie einmal mehr auf sich selbst und geißelt sich nicht mit ihrem Perfektionismus."

Verzeihe dir deine Fehler, denn diese machen dich menschlich. Sei liebevoll und nachsichtig mit dir, auch wenn du in deinen Augen vielleicht nicht alles gegeben hast.

Sehr lustig finde ich es immer, wenn wir auf einer sogenannten Dog Convention sind. Dort erleben wir regelmäßig die Ausgeburt des Perfektionismus der Hundehalter mit ihren Vierbeinern. Ich muss da immer lachen und laufe dann mit Absicht mit einem meiner Hunde einen Parcours. Natürlich mit einem Hund, der noch nie einen Lauf gelaufen ist und sich auch dementsprechend anstellt. Einmal habe ich einen Minichihuahua eines Freundes über den Parcours geschleift. Wir hatten alle einen Mordsspaß und haben gelacht und uns beinahe in die Hosen gepinkelt, während die perfektionistischen Hundehalter beinahe einen Herzinfarkt bekommen haben. Ich freue mich auch, wenn meine Hunde gehorchen, finde es aber nicht schlimm, wenn sie unter den Hindernissen laufen, anstatt darüber zu springen. Das Ziel ist das Ziel und nicht immer der besagte Weg dorthin.

Denke jetzt über dich und dein Leben nach. In welchen Gebieten bist du eher perfektionistisch veranlagt? Schreib die Punkte ruhig in dein Tagebuch auf und überlege, warum es so ist. Manchmal steckt wirklich die pure Sucht nach Anerkennung dahinter. Sei ehrlich zu dir selbst. Warum willst du immer und überall der Beste sein?

Damit du dich von ungesundem Perfektionismus verabschieden kannst, musst du vor allem dein Selbstbewusstsein aufbauen. Du bist genauso wertvoll, auch wenn du nicht immer und überall glänzt. Du wirst noch genauso respektiert, auch wenn du nicht immer eine auf Hochglanz polierte Wohnung und ein 5-Sterne-Menü präsentierst. Deine Gäste sind auch mit Brötchen und einer Tasse Tee zufrieden. Beruflich stehst du genauso gut da, wenn du deine Arbeit ordentlich und gewissenhaft machst und nicht immer noch eine Fleißaufgabe dazu abgibst.

Wenn du dich so perfektionistisch benimmst, reduzierst du dich selbst nur auf deine Leistung. Denke einmal darüber nach. Wir hassen es doch, wenn wir in Schubladen gesteckt werden. Durch deinen Perfektionismus aber steckst du dich selbst genau in so eine Schublade. Das ist doch grauenvoll.

Gehe ruhig einmal auch im Jogginganzug mit dem Hund spazieren oder ohne großes Make-up oder viel Gel in den Haaren zum Bäcker. Du musst nicht perfekt manikürte Hände haben, wenn du nur den Müll hinausträgst. Wenn du bei deinen Äußerlichkeiten so perfektionistisch bist, reduzierst du dich nur auf dein Äußeres, eine Eigenschaft, gegen die wir doch so ankämpfen und bei anderen verurteilen. Also tue es dir doch bitte selbst nicht an. Überwinde dich und unternimm einen Spaziergang, nur mit gewaschenem Gesicht und sauberen Klamotten. Das reicht vollkommen. Niemand wird dich verurteilen, weil du nicht in großer Robe ausrückst.

Zusammenfassung:

Als Folge von Perfektionismus können Frust, Depressionen und sogar Burnout entstehen. Wenn du von Perfektionismus getrieben bist, so steckst du dich selbst in eine Schublade. Versuche, dein Selbstbewusstsein aufzubauen und sei dir selbst wieder genug, auch wenn du nicht in allen Belangen die Nummer Eins bist. Lerne loszulassen und höre auf, so verkrampft immer alles anführen zu wollen. Sei nicht von der Anerkennung und vom Lob anderer abhängig. Das erreichst du, wenn du selbst stolz auf dich sein kannst. Freue dich über Kleinigkeiten, die du erreicht hast. Auch wenn sie vielleicht nicht erstklassig sind, du hast aber sie mit deinen eigenen Händen erreicht.

WARUM URLAUB OFT
ZU STRESS FÜHRT –
WIR MÜSSEN JETZT
GLÜCKLICH SEIN

DIES IST WIEDER EINES meiner Lieblingsthemen, vielleicht, weil ich hier direkt an der Quelle sitze und so viel zu diesem Thema erlebe. Bangkok ist ja ein sehr beliebtes Urlaubsziel und ich sehe täglich die unterschiedlichsten Urlauber und wundere mich immer, wie verhärmt und eigentlich traurig, unglücklich oder schlecht gelaunt diese sind.

Auch wir haben früher jedes Jahr Urlaub in Thailand gemacht und bereits beim ersten Schritt auf thailändischem Boden konnten wir nicht mehr aufhören zu strahlen. Das ganze Jahr hatten wir auf den Urlaub gespart und endlich konnten wir unsere Ernte einfahren. Wir sahen es tatsächlich immer als Ernte oder eben als Belohnung für die Mühen des Jahres. Und genau hier passiert bei vielen der Fehler.

Sie erleben den Urlaub nicht als Belohnung, sondern zwingen sich jetzt, glücklich zu sein. „Wir haben so viel Geld für diesen Urlaub bezahlt, also müssen wir nun glücklich sein." Das bedeutet natürlich Stress, wenn man sich selbst so unter Druck setzt.

Wenn ihr als Paar oder Familie das ganze Jahr hindurch Stress hattet und ständig gestritten und gezankt habt, wie kannst du dann denken, dass es auf Knopfdruck jetzt im Urlaub anders sein könnte? Im Gegenteil: Dein Partner und du seid nun 24 Stunden am Tag auf engstem Raum zusammen und ihr könnt euch nicht während der Arbeit wieder beruhigen oder abreagieren.

Wichtig wäre es, bereits vor dem Urlaub herrschende Unstimmigkeiten zu beseitigen. Halte auch dem Partner nicht dauernd vor, wie hart du für den Urlaub gearbeitet hast und dass er nun gefälligst glücklich zu sein hat. Wahrscheinlich hat er ebenso hart gearbeitet und denkt sich dasselbe über dich.

Zudem ist es wichtig, dass ihr den Stress des Alltags und auch den Arbeitsstress zu Hause lasst. Auch wenn ihr zu Hause Unstimmigkeiten hattet und diese nicht mehr klären konntet, verpackt diese für den Urlaub in einer Kiste. Sperrt diese zu und lasst die Kiste daheim. Keiner von euch darf während des Urlaubs das Thema ansprechen und ihr solltet auch nicht daran denken. Schleichen sich bei dir Gedanken daran ein, schiebe sie weg, so wie wir es bei der Achtsamkeitsübung gelernt haben.

Damit du keinen Arbeitsstress mitnimmst, solltest du alles abarbeiten, übergeben und abschließen. Lass auch keine Gedanken an die Arbeit zu und sorge dich nicht. Du kannst ohnehin vom Urlaub aus nichts ändern, also wären alle Sorgen umsonst.

Nimm auch keine wichtigen Termine mehr für den letzten Arbeitstag an. So würdest du außer Atem in den Urlaub starten. Nimm dir auch keine Arbeitsunterlagen mit in den Urlaub. Nichts. Schalte ab, denn der Urlaub gehört dir und dient dazu, dass du dich von der Arbeit erholst. Du bekommst keine Überstunden gutgeschrieben, wenn du in deiner Freizeit arbeitest oder nur an die Arbeit denkst.

Sei auch während des Urlaubs für die Arbeitskollegen und auch für den Chef nicht erreichbar. Das Diensthandy hat im Urlaub ebenfalls nichts verloren. Auch das kann den Partner unheimlich nerven, wenn der Andere ständig mit Gedanken am Arbeitsplatz ist, anstatt die Schönheit der fernen Länder zu genießen.

Feiere mit deinem Partner den Urlaub. Sprecht schon eine Woche vorher jeden Tag positiv über den Urlaub und verkneift euch Gedanken wie: „Wie soll ich das nur aushalten?" Macht euch ein Ritual aus, das ihr zu Hause nie macht. Gebt euch nach dem Aufwachen ein Küsschen oder strahlt euch an oder umarmt euch. Macht irgendetwas Spezielles, etwas, das diese Zeit zu etwas Besonderem erhebt.

Plant Aktivitäten, für die ihr sonst nie Zeit habt, und macht Dinge, die keiner von euch bis jetzt gemacht hat. Übe dich im Urlaub in Gelassenheit. Wenn der Kellner etwas langsamer ist, die Eiswürfel im Cocktail schon schmelzen oder etwas nicht so ist, wie du es von zu Hause gewohnt bist – was soll's, du bist auch nicht zu Hause und das ist gut so. Lache und schwinge mit dem Lifestyle des fernen Landes mit.

Kontrolliere deinen Gesichtsausdruck. Ich muss stets so lachen, wenn wir Touristen sehen, die mit einer Trauermiene herumlaufen. Oft wirkt es, als wäre es eine Strafe für diese Menschen, in so einem tollen Land zu sein. Du kannst hier wirklich an deiner inneren Haltung arbeiten. Wenn du lachst und dich bewusst dafür entscheidest, glücklich zu sein, dann bist du es auch. Doch alles ohne Druck. Urlaub kann so schön sein. Doch wenn er so richtig schief geht und man als Paar oder Familie nur streitet, dann ist es Käse und bedeutet noch mehr Stress und Anspannung. Plane daher niemals einen Urlaub, um eine Beziehung zu retten. In diesem Fall wäre es besser, ihr fahrt getrennt in ein Schweige Retreat, einen

Wellness- oder Ayurveda-Urlaub. Oder du schickst deinen Partner mit seinen Kumpels auf einen Segeltörn, während du mit deiner Freundin eine Woche Shopping in New York machst.

Zusammenfassung:

Es lässt sich kurz und knapp sagen: Schalte ab und lasse den Alltag zu Hause. Lasse die Arbeit am Arbeitsplatz und nimm auch keine Streitigkeiten der Beziehung mit in den Urlaub. Diese negativen Emotionen haben keinen Flug gebucht und sind daher auch nicht eingeladen. Mache dir keinen Druck, glücklich zu sein, aber arbeite an deiner inneren Einstellung. Stehe jeden Tag mit einem Lächeln auf und freue dich. Sei gelassen und nachsichtig und entscheide dich täglich im Urlaub dafür, happy zu sein.

RITUALE

BEREITS FÜR KINDER SIND Rituale wichtig. Sie verleihen Sicherheit und Vertrauen. Sie schenken Stabilität. Kinder und Jugendliche, die feste Rituale erfahren haben, haben in der Regel später ein besseres Selbstvertrauen als Kinder, die ohne Rituale aufgewachsen sind. Erinnere dich an deine Kindheit? Hattet ihr Rituale? Ich erinnere mich gerne an Dinge, wie meine Gute-Nacht-Geschichten, an die Vorlese-Nachmittage mit meiner Oma und an meinen heißen Kakao, den mir meine Oma auch noch mit 12 Jahren abends vorsetzte.

Tischgebete oder Gute-Nacht-Gebete, Umarmungen oder kleine Kuschelminuten sind liebevolle Rituale, an die man sich auch Jahrzehnte später noch gerne erinnert. Auch wenn man später nicht mehr gläubig ist oder an etwas anderes glaubt, so erzeugt die Erinnerung daran doch eine gewisse Wärme. Die Polsterburg am Fernsehabend oder die gemeinsamen Singstunden gehören ebenso dazu wie gemeinsames Kochen oder Backen. Ich erinnere mich gerne an meine Kindheit, eben genau wegen dieser Rituale.

Rituale sorgen dafür, dass wir ein Ziel und einen Plan haben. Welche Rituale hast du in deinem Leben? Du kannst diese nun ruhig in dein Tagebuch aufschreiben. Bei uns verläuft jeder Morgen gleich ab. Mein Mann steht mit 9 Hunden auf, während ich noch eine halbe Stunde mit zwei Hunden im Bett nachkuschle. Mein Partner kann in der Zeit in Ruhe seinen ersten Kaffee trinken und das Frühstück vorbereiten und ich genieße die Minuten alleine mit den zwei Hündinnen, die immer eine Extraportion Kuscheleinheit benötigen und zudem auch sehr faul sind.

Rituale sorgen für Ordnung in deinem Leben. Du weißt genau, was dich wann erwartet und das ist unheimlich beruhigend. So kann es gar nicht stressig werden, denn alles verläuft so, wie es verlaufen soll.

Meine Schwägerin malt jedem, der das Haus verlässt, also jedem Familienmitglied, mit Weihwasser ein Kreuz auf die Stirn und wünscht damit Schutz und Segen. Wie gesagt, ich bin nicht christlich, liebe aber dieses Ritual und finde es absolut berührend.

Eine Umarmung bei der Begrüßung ist ebenso ein Ritual, wie hier in Thailand der Wai, mit dem man sich begrüßt. Man faltet die Hände vor der Brust und verneigt sich leicht. Das ist sehr respektvoll und gleichzeitig ein liebevolles Ritual. Auch Kinder und Jugendliche begrüßen sich hier so, um den gegenseitigen Respekt auszudrücken. Rituale sind auch ein Zeichen für Gemeinschaft und geben uns Stärke. Wenn du dich wo dazugehörig fühlst, hast du ein besseres Selbstbewusstsein, weil du dich nicht alleine fühlst. Das senkt auch automatisch deinen Stresslevel.

Rituale fördern auch deine sozialen Kommunikationen. Auch wenn du viele Rituale vielleicht alleine durchziehst, die meisten Rituale werden in der Gemeinschaft oder der Öffentlichkeit durchgeführt. Durch die gemeinsamen Rituale schaffst du eine Atmosphäre, die Vertrautheit ausstrahlt und dies sorgt ebenfalls für Sicherheit.

Du kannst dir auch deine eigenen Rituale kreieren, mit welchen du bewusst Stress vertreibst. Ich erinnere dich hier wieder an mein Ritual mit dem Räuchern. Damit, dass ich regelmäßig weißen Salbei räuchere, habe ich ein festes Ritual, mit dem ich Böses, Stressiges und Unangenehmes vertreibe. Es ist ein Ritual, das mir sehr viel Sicherheit gibt, einfach, weil ich fest daran glaube, dass ich dadurch wirklich alles Schlechte vertreiben kann. Dadurch fällt auch ein enormer Stress von mit ab.

Zusammenfassung:

Rituale sind wichtig und du solltest dich an deine Rituale aus der Kindheit erinnern. Das gibt dir doch ein gutes Gefühl. Halte an deinen Ritualen fest. Kreiere deine neuen eigenen Rituale, falls du keine hast, denn diese schenken dir Sicherheit, geben dir ein Gefühl von Gemeinschaft und Selbstbewusstsein.

TAGESPLÄNE UND ROUTINE

TAGESPLÄNE UND DIE TÄGLICHE Routine sind stark mit Ritualen verwandt. Hier geht es um tägliche Gewohnheiten, die dir das Leben erleichtern und dir Stabilität im Leben schenken. Tagespläne sind selbst kreierte Rituale, die sich jedoch täglich ändern können. Das Ritual dahinter ist, dass du täglich oder wöchentlich den Plan für die einzelnen Tage aufstellst.

Nimm dir abends Zeit, um den Plan für den nächsten Tag auszuarbeiten. Dies ist der wichtigste Schritt, den du ohnehin für dein Zeit- und Selbstmanagement benötigst. Nimm dazu dein Tagebuch, einen Kalender oder einen Filofax zur Hand. Du kannst auch dein Smartphone, den Computer oder den Laptop dazu verwenden.

Wenn es dir immer noch eigenartig vorkommt, dass du dir wie in der Schule einen Stundenplan einrichten solltest, dann verrate ich dir nun ein Geheimnis: Die erfolgreichsten Menschen arbeiten mit Tagesplänen und Routinen. Ob Manager, Präsidenten, erfolgreiche Networker oder Entrepreneure – alle vertrauen auf die Macht der Tagespläne.

Im Zuge einer statistischen Umfrage gaben viele dieser erfolgreichen Manager an, ihr Leben mithilfe dieser Tagespläne so gut in den Griff bekommen zu haben. Tagespläne und Routine sind somit ein großer und wichtiger Faktor für den eigenen Erfolg.

Wichtige Punkte für deine Tagespläne sind ausreichend Schlaf und fixe Zeiten für Sport und Bewegung. Stimme deine Termine so ab, dass du diese wichtigen Punkte unterbringst. Dies sind jene Punkte, die für deine Gesundheit und für deinen Ausgleich wichtig sind. Diese Punkte sollten deine Prioritäten sein, weil du es dir einfach wert sein musst. Zu deinen fixen Arbeitszeiten solltest du auch deine Pausen einplanen und ebenfalls festgelegte Termine für gesundes Essen. Egal ob du angestellt bist, als Freiberufler arbeitest, Hausfrau und Mutter bist oder selbständig: Für alle gelten dieselben Regeln.

Achte drauf, dass du mindestens 6 bis 8 Stunden Schlaf einplanst. Perfekt wäre es, wenn du die Schlafenszeit vor 22 Uhr legen könntest. Laut Ayurveda ist dies die optimale Zeit, um uns zur Ruhe zu begeben. Demnach würdest du um 6 Uhr ausstehen und kannst eine Sporteinheit, Meditation und ein gesundes Frühstück einbauen. Nun bleiben genügend Stunden zur Verfügung, um vernünftig zu arbeiten. Vergiss nicht, dass du mindestens einmal pro Tag frisch und gesund essen solltest. Wer mittags von Kantinenessen abhängig bist, soll versuchen, auch dort die gesündeste und leichteste Wahl zu treffen oder einen Snack für sich mitbringen.

Deine tägliche Routine sollte – oder besser gesagt darf – für dich nicht verhandelbar sein. Nur so kannst du deinem Tag und deinem Leben auch mehr Produktivität und mehr Kreativität verleihen. Wichtig ist, dass du dies auch als dein Mindset aufnimmst. Du kannst dir auch immer wieder mit einem Mantra helfen: „Ich halte mich an meine Tagespläne und an meine Routine."

Wenn du nun einwirfst, dass dir dadurch kein Platz für Kreativität und Flexibilität bleibt, dann hast du in gewisser Weise Recht, jedoch hast du hier deinen Plan falsch angelegt.

Dein Plan muss essentiell über Pufferzonen verfügen und eben genügend Freizeit enthalten. Arbeitest du bis 17 Uhr, so hast du den Abend von 17 Uhr bis 22 Uhr jeden Tag für individuelle Gestaltung zur Verfügung.

Zusammenfassung:

Bei den Tagesplänen und der täglichen Routine handelt es sich um eine Ausarbeitung und eine Zusammenfassung von Zeit- und Selbstmanagement und Ritualen. Diese Punkte gehen Hand in Hand. Es ist jedoch wichtig, dass du diesen Plan als essentiell und nicht verhandelbar ansiehst. Ebenso wichtig ist es, dass du deine Prioritäten setzt und rund um diese deinen Tagesplan aufbaust. Natürlich kannst du deine Arbeitszeiten in den meisten Fällen nicht verschieben, wenn du nicht gerade selbständig bist und von zu Hause aus arbeitest. Doch denke an jene Punkte, die vor allem für deine körperliche und mentale Gesundheit wichtig sind. Nur so kannst du dauerhaften körperlichen und mentalen Stress vermeiden.

ZU DIR SELBST FINDEN –
WAS WILLST DU WIRKLICH?

K AUM ETWAS KANN MEHR stressen als das Gefühl, nicht zu sich selbst gefunden zu haben. Es ist verwirrend und verstörend, wenn du nicht weißt, wer du bist, wo du hingehörst, wohin du gehen willst und was du wirklich möchtest. In den verschiedensten Kapiteln haben wir schon häufig über unsere Wünsche, Träume und Ziele gesprochen. Nun ist es ein weiteres Mal soweit und du solltest dein Tagebuch zur Hand nehmen und genau diese Fragen beantworten.

Wer bist du? Beobachte dich wie eine außenstehende Person und beurteile dich. Wie würde dich ein Freund beschreiben, wie würde dich ein Arbeitskollege beschreiben und wie würde dich zum Beispiel die Verkäuferin im Supermarkt beschreiben, in dem du dreimal wöchentlich einkaufst? Sei bei diesen Beurteilungen wieder schonungslos ehrlich zu dir selbst. Wenn du möchtest, kannst du diese Beurteilung auch deinem besten Freund lesen lassen und ihn um seine Meinung fragen.

Wo du hingehörst, wo du hinwillst und was du wirklich möchtest, kannst du natürlich nur von deiner Warte aus beurteilen. Doch auch hier solltest du gut überlegen, in dich hineinhorchen und dir auch überlegen, wie du genau dorthin gelangen willst.

Oft ist es auch so, dass wir uns selbst auf unserem Weg verloren haben. Es kann sein, dass dir das selbst lange nicht bewusst war und dass dich zum Beispiel erst ein enger Freund darauf aufmerksam gemacht hat. Es kann auch das unangenehme Gefühl von Unzufriedenheit immer öfter auftreten. Auch dies kann der Hinweis darauf sein, dass du dich selbst verloren hast.

Sich selbst verlieren kann man ganz schnell. Mit dem Tagesplan und den Routinen solltest du sehr schnell wieder den Weg zu dir finden. Dieser zeigt dir einen sicheren und geraden Weg heraus aus dem Chaos zwischen hektischem Arbeiten – zu schnellem Lifestyle und privaten Verpflichtungen.

Natürlich wäre es schön, einfach eine Auszeit zu nehmen, doch viele von uns können nicht einfach eine Weltreise antreten und in einem Ashram zu sich selbst finden. Du kannst dir jedoch eine extra Stunde mehr täglich für dich alleine in deinem Tagesplan einrichten. Diese Stunde solltest du für Meditation und Achtsamkeitsübungen nutzen und nicht planlos am Computer sitzen.

Um wieder zu dir zu finden, solltest du auch eine Beziehung zu deinem inneren Kind aufbauen. Bei Mustern und Verletzungen der Vergangenheit haben wir bereits über dieses innere Kind gesprochen. Um zu dir zu finden, solltest du dich öfter daran erinnern, wie du in den einzelnen Situationen gehandelt hättest. Erinnere dich an unbeschwerte Zeiten: Wie hast du dich in diesen verhalten?

Um wieder zu dir selbst zu finden, solltest du in deiner täglichen Routine unbedingt eine Tätigkeit finden, die dich vor Leidenschaft brennen lässt. Leidenschaft ist wichtig, um wieder zu wissen, wofür du lebst. Alles, das dich erfüllt, ist der direkte Weg zu dir selbst. Es sollten Dinge sein, die dir

Spaß machen, ein Lächeln ins Gesicht zaubern und dein Herz vor Freude beben lassen. Vielleicht entdeckst du deine Leidenschaft fürs Fotografieren oder, um gleich zwei Fliegen mit einer Klappe zu schlagen, entdeckst du, wie viel Spaß Flying-Yoga macht.

Frische Luft und einsame Spaziergänge sind ebenfalls eine gute Methode, um wieder zu dir selbst zu finden. Du solltest dabei aber nicht zu viel grübeln und nachdenken. Sei eher achtsam und lebe, genieße, ohne zu bewerten. Dadurch bekommst du deinen Kopf wieder frei. Du versorgst deinen Körper mit Sauerstoff und produzierst zudem Hormone, welche deine Stresshormone eliminieren.

Erinnere dich täglich abends an deine Glücksmomente des Tages. Worüber hast du heute von Herzen gelacht? Erinnere dich abends auch immer an die unangenehmen Augenblicke des Tages. Wodurch wurden diese ausgelöst? Wie kannst du vermeiden, dass diese wieder auftreten?

Befreie dich von den Dingen, die dich so verändert haben. Hast du dich für die Arbeit so verbogen? Dann wechsele die Arbeit oder suche ein klärendes Gespräch mit deinem Boss. Denn du hast sicher nicht unter diesen Voraussetzungen zu arbeiten begonnen. Ist es der Partner, so versuche auch hier, reinen Tisch zu machen. Wenn du dich deinem Partner falsch präsentiert hast, nur um ihn zu beeindrucken, so ist es nun an der Zeit, die Karten auf den Tisch zu legen. Hat er dich so verändert, weil du ihm zuvor nicht genug warst, so sprich dies an und erkläre ihm, dass du gerne wieder du selbst sein möchtest. Auch mit deinen Freunden solltest du so vorgehen.

Zusammenfassung:

Du bist für dich der wichtigste Mensch im Leben, daher solltest du auch immer ganz bei dir selbst sein. Wenn es passiert ist und du dich selbst verloren hast, dann analysiere, wo und warum du dich selbst verloren hast. Nur wenn du den Auslöser dafür gefunden hast, können die Tipps, um zu dir selbst zurückzufinden, auch wirken. Befreie dich von den Auslösern, nimmt dir mehr Zeit für dich selbst, halt an deiner täglichen Routine fest, verbringe Zeit in der Natur und erinnere dich an unbeschwerte Zeiten, als du noch ganz bei dir warst. Versuche, genau dieses Gefühl wieder einzufangen, und finde wieder zu dir zurück. Es ist nämlich absolut stressend und verstörend, wenn man sich selbst verliert. Daher ändere dich nicht für andere, verbiege dich nicht und spiele auch niemandem etwas vor. Um dauerhaft glücklich zu bleiben, musst du genau du selbst bleiben. Wer dich so nicht möchte, der hat dich ohnehin nicht verdient.

LACHEN, TANZEN UND
GLÜCKLICH SEIN

DIES SIND DOCH SCHÖNE Dinge und wenn du nur daran denkst, so zaubern dir diese doch ein Lächeln aufs Gesicht und ins Herz. Wir wollen doch nur eines: glücklich sein. Dazu musst du einfach häufiger lachen und durchs Leben tanzen.

Lache und stecke andere mit deinem Lachen an. Lächle und erwärme dadurch den Augenblick auch für andere. Dass du dein Gehirn, deine Gefühle und deine Hormone mit deinem eigenen Lachen überlisten kannst, habe ich dir bereits erklärt. Auch wenn du nur ein Lachen aufsetzt, so fühlt sich dein Körper dennoch besser. Dein Organismus produziert Glückshormone und dein Stress wird reduziert. Doch dein Lachen kann noch so viel mehr.

Du kannst mit deinem Lachen ein Lauffeuer entzünden. Du kannst nicht nur deinen Körper, deinen Geist und deine Seele glücklich machen, sondern auch die Welt ein schönes Stück erhellen. Kommen wir wieder einmal zu einem meiner geliebten Selbstversuche. Gehe auf die Straße und lächle jemanden an. Du musst ihn nicht kennen, aber lächle. Wenn sich eure Blicke treffen, so spürst du diese kurze Verbindung, dieses kleine und kurze Feuer und, sobald dein Lächeln erwidert wird, merkst du, dass du jemanden glücklich gemacht hast. Gehe nun weiter und lächle weiter. Nun stelle dir vor: Jeder, der dein Lächeln erhalten hat, schickt es nun auch ebenso weiter. Dadurch geht dein Lächeln quasi viral und somit hast du mit deinem Lächeln die ganze Welt verzaubert.

Stelle dir vor, wie nun überall kleine Feuer angehen – und du bist der Auslöser dafür. Ist dies nicht ein wunderbarer Gedanke? Macht dich dies nicht glücklich, dass du so gewaltig für etwas mehr Wärme auf der Welt gesorgt hast? Schenke der Welt ein Lächeln und das Universum wird dich mit einer Flut an Herzenswärme belohnen.

Mit dem Tanzen ist es ähnlich. Du musst jetzt nicht durch die Welt hopsen, obwohl auch das nicht schadet. Wenn du Lust hast, im Park zu tanzen, dann tanze. Wenn du daheim angespannt bist oder einen Anflug von Frust verspürst, drehe Musik auf, singe und tanze. Tanzen und singen haben eine meditative und erlösende Wirkung.

Doch mit dem Durchs-Leben-tanzen hat es noch viel mehr auf sich. Tanzen ist etwas Leichtes und Lockeres. Es bedeutet, dass du dich von den Lasten und der Schwere des Alltags befreien sollst. Schüttle alles ab, was dich belastet. Stell dir vor, wie alles abfällt und du leicht wie eine Feder wirst. Stell dir vor, wie du die steilsten Stufen und die höchste Leiter ohne Mühe erklimmen kannst.

Wenn wieder etwas besonders schwer, schwierig und hart erscheint, dann stell dir vor, wie du es tanzend meisterst. Schließe vielleicht kurz die Augen. Angenommen, du musst einen Vortrag halten und du hast riesen Bammel davor: Schließe kurz die Augen und sieh dich selbst, wie du leicht-füßig auf die Bühne läufst, dein Haar schüttelst, lachst und mit einem witzigen Spruch den Vortrag eröffnest. Sieh das Publikum vor deinen Augen, wie es gebannt an deinen Lippen hängt und fasziniert von deiner anziehenden und sympathischen Art ist. Dann öffne die Augen, atme tief durch und laue beschwingt auf die Bühne.

So kannst du jedes schwere Hindernis, ich sage eben immer, vertanzen dazu. Hasst du es, alleine durch die Stadt zu gehen, weil du gerade eine depressive Stimmung hast oder du dich generell nicht so wohl oder sicher fühlst, dann schließe die Augen. Sieh dich selbst, wie du selbstbewusst, stolz und schön durch die Stadt schwebst. Wenn du es vor deinem geistigen Auge sehen kannst, dann kannst du es auch in der realen Welt schaffen. Du musst es nur wirklich sehen und spüren können. Sieh dich tanzen und lachen und werde dadurch glücklich.

Zusammenfassung:

Lachen und lächeln tut dir gut und du kannst damit auch andere glücklich machen. Lasse dein Lächeln viral gehen und entfache ein Feuer der Liebe und Wärme auf der Welt. Sei stolz auf dich, dass du alleine dafür verantwortlich sein kannst, wenn plötzlich die ganze Welt heller, wärmer und schöner wird. Auch wenn es einmal hart wird, stell dir vor, wie alles plötzlich von dir abfällt und du jede Situation tanzend meisterst. Diese Autosuggestion hilft dir dabei, alles leichter zu sehen, weniger gestresst zu sein und auch die härtesten Fälle souverän zu lösen.

GESUND ERNÄHREN –
GESUND BLEIBEN

GESUNDHEIT IST WICHTIG UND nur wer bereits einmal ernsthaft krank geworden ist weiß, wie stressig eine Krankheit sein kann. Mit gesunder Ernährung kannst du sehr viel für deine Gesundheit tun. Gerade ich habe dies in den letzten Jahren hautnah erlebt und kann dies aus persönlicher Erfahrung bestätigen.

Fast Food macht uns krank. Da spreche ich jetzt nicht von einem gelegentlichen Burger oder einer schnellen Pizza, doch viele ernähren sich hauptsächlich von Fertigprodukten und Fast Food. Dies kann auf Dauer nicht gut gehen. Ich persönlich halte sehr viel von einer gesunden Mischung aus Ayurveda und veganer Ernährung. Durch meine Krebskrankheit habe ich meinen Fleischkonsum absolut aufgegeben und verzichte auch auf Weißmehl und Weißmehlprodukte sowie auf Salz und raffinierten Zucker. Auch achte ich darauf, dass ich mich vorwiegend basisch ernähre.

Laut vielen wissenschaftlichen Studien können Krankheiten in einem basischen Milieu nicht gedeihen und du hältst dich zu großen Teilen gesund.

Die Pyramide für gesunde Ernährung sollte in der Basis viel Obst und Gemüse enthalten. Deinen Vitaminhaushalt kannst du wunderbar mit gesunden Smoothies und Säften decken. Ich bin gerade dabei, mit meinem Mann zusammen ein sehr persönliches Rezeptbuch unserer liebsten Smoothies und der selbstgemachten Säfte zu schreiben. Darin möchte ich jedoch nicht nur die Rezepte aufschreiben, sondern auch ausführen, wofür die einzelnen Früchte, Gemüsesorten, Gewürze und Kräuter gut sind und wann und warum du am besten zu diesen greifen solltest. Auf meiner Facebook-Seite Ulli Baumgartner, meiner Autorenseite, erfährst du genau, wann es soweit ist und wann das Buch auf den Markt kommt. Auf Instagram unter UlliPezi findest du auch immer wieder tolle Bilder unserer Drinks und auch unserer gesunden, fleischlosen Küche.

Ebenso wichtig sind Hülsenfrüchte, damit du deinen Proteinhaushalt ausreichend abdeckst. Ob Linsen, Erbsen, Bohnen in allen Varianten, Kichererbsen und Pseudogetreide – daraus kannst du eine Menge kochen und auch tolle Laibchen, Braten und Schnitzel zaubern.

Ich liebe Seitan aus Gluteneiweiß, der für mich ein toller Fleischersatz ist. Damit mache ich sogar Würstchen, Schnitzel und baue auch Fast Food wie Burger, Kebab und Co. auf gesunde Weise nach.

Salate stehen natürlich auch ganz oben auf der Liste. Du musst auch nicht auf Nudeln oder Reis verzichten, du solltest jedoch eher zu Vollkornnudeln und Vollkornreis greifen. Die Umstellung darauf ist gar nicht so schwierig, wie du dir das vielleicht im Moment vorstellst.

Das gesunde Essen hilft dir dabei, deinen Körper mit vielen Vitaminen und Mineralstoffen zu versorgen. Die Ballaststoffe sind gut für eine gesunde Verdauung, die wiederum im Ayurveda eine große Rolle spielt. Du entgiftest deinen Körper und sorgst dafür, dass er weniger belastet ist. Dadurch hast du automatisch mehr Energie und Elan. Gesundes, frisches und leckeres Essen macht auch glücklich. Und wer glücklich ist, ist auch weit weniger gestresst.

Nicht umsonst hat schon meine Großmutter gesagt, dass Essen und Trinken Leib und Seele zusammenhalten. Und es gibt auch das Sprichwort, dass Liebe durch den Magen geht. Dabei handelt es sich nicht nur darum, dass du deinen Liebsten mit leckerem Essen verzaubern kannst. Wenn du deinen Körper mit wertvoller und gesunder Nahrung versorgst, dann zeigst du auch Selbstliebe. Und Selbstliebe, das haben wir bereits gelernt, ist doch das Wichtigste, das wir uns selbst schenken können.

Zusammenfassung:

Das steckt nämlich als Essenz hinter diesem Kapitel: Du solltest erkennen, dass gesunde Ernährung nicht eine Qual sein muss, sondern dass du damit dich und deinen Körper belohnst. Wir wissen es alle, dass wir mehr Obst und Gemüse und weniger Zucker und Salz verwenden sollen. Für den Körper ist es aber tatsächlich so enorm wichtig, da sich nur so die Zellen wunderbar entfalten können und jung bleiben. Vitamine und Mineralstoffe halten uns fit und versorgen uns mit Energie. Ich für meinen Teil habe vor etlicher Zeit aufgehört, Fleisch zu essen, verstehe es aber, wenn du nicht darauf verzichten kannst oder willst. Ich bin auch kein militanter Veganer, weise aber gerne darauf hin, wie wichtig und gesund diese Art der Ernährung ist. Vorausgesetzt, du achtest darauf, dass du auch alle lebenswichtigen Vitamine und Mineralstoffe zu dir nimmst. Wer sich vegan ernährt, aber hauptsächlich nur Reis, Kartoffeln, Nudeln und Süßes isst, der hat das Prinzip der gesunden Ernährung nicht verstanden. Denk immer daran: Je bunter dein Teller angerichtet ist, umso mehr verschiedene Inhaltsstoffe enthält auch deine Mahlzeit – und genau das ist essentiell. Gute Ernährung bedeutet Selbstliebe und du solltest dir damit jeden Tag zeigen, wie viel du dir selbst wert bist.

PRIORITÄTEN SETZEN

DIESES LETZTE KAPITEL IST noch eine Art Zusammenfassung der gesamten Punkte, denn Prioritäten setzen bedeutet, dass du immer genau weißt, was dir wichtig ist. Du willst keinen Stress mehr haben, weil dir genau bewusst ist, dass dieser dich über kurz oder lang krank machen kann. Daher heißt es, Prioritäten setzen und nun mehr das zu machen, was wirklich wichtig ist und auch was dir Spaß macht. Es geht natürlich nicht, dass wir immer nur machen, worauf wir Lust haben. Denn wie sagte mein Papa schon immer: „Das Leben ist kein Wunschkonzert." Doch ich sehe das etwas anders: Das Leben ist doch ein Wunschkonzert und du bist der Dirigent.

Es kommt immer auf deine eigene Einstellung an und auch darauf, wie du alles siehst. Du kannst dich jeden Tag aufs Neue dafür entscheiden, glücklich zu sein. Auch wenn dir an einem Tag die Arbeit nicht so viele Freude macht, gehe trotzdem mit positiven Gedanken ans Werk. Denkst du denn, mir macht es immer Spaß? Meist macht es mir tatsächlich den größten Spaß, aber es gibt auch Tage, da muss ich zum Beispiel einen Artikel für ein Magazin verfassen, dessen Thema mich nicht sonderlich anspricht. Trotzdem gehe ich mit Freude ans Werk und bedanke mich dafür, dass ich die Möglichkeit habe, arbeiten zu dürfen und meinen Traumberuf ausführen zu können.

Deine Priorität sollte sein, das zu tun, was du liebst. Um dich vor Stress zu bewahren, solltest du deine Tätigkeit weise wählen. Wenn du in deinem Job unglücklich bist, aber gut verdienst, dann musst du Prioritäten setzen. Ist es dir wichtiger, viel Geld zu haben oder glücklich zu sein? Was wiegt für dich persönlich schwerer? Dabei kann dir niemand helfen. Dies sind Dinge, die du alleine mit dir selbst ausmachen musst. Niemand kann deine Prioritäten für dich setzen, denn es ist dein Leben.

PRIORITÄTEN SETZEN

Zugangscode - Kostenfreies e-Book

Gehen Sie auf **https://link.cherrymedia.de/EPUB** und geben Sie Ihren Zugangscode ein um Ihr kostenfreies e-Book herunterzuladen.

F25K-5C7V-BT1L

Index